PREFÁCIO

A coleção de frases de viagem "Vai tudo correr bem!" publicada pela T&P Books é concebida para pessoas que vão ao estrangeiro em viagens de turismo e negócios. Os livros de frases contêm o que é mais importante - o essencial para uma comunicação básica. Este é um conjunto indispensável de frases para "sobreviver" no estrangeiro.

Este Guia de Conversação irá ajudá-lo na maioria das situações em que precise de perguntar alguma coisa, obter direções, saber quanto custa algo, etc. Pode também resolver situações de difícil comunicação onde os gestos simplesmente não ajudam.

Este livro contém uma série de frases que foram agrupadas de acordo com os tópicos mais relevantes. Uma secção separada do livro também fornece um pequeno dicionário com mais de 1.500 palavras importantes e úteis.

Leve consigo para a estrada o Guia de Conversação "Vai tudo correr bem!" e terá um companheiro de viagem insubstituível, que irá ajudá-lo a encontrar o seu caminho em qualquer situação e ensiná-lo a não recear falar com estrangeiros.

TABELA DE CONTEÚDOS

T&P Books Publishing

Coleção Guias de Conversação
"Vai tudo correr bem!"

T&P Books Publishing

GUIA DE CONVERSAÇÃO
– HOLANDÊS –

AS PALAVRAS E AS FRASES MAIS ÚTEIS

Este guia de conversação contém frases e perguntas comuns essenciais para uma comunicação básica com estrangeiros

Andrey Taranov

T&P BOOKS

Frases + dicionário de 1500 palavras

Guia de Conversação Português-Holandês e dicionário conciso 1500 palavras

Por Andrey Taranov

A coleção de frases de viagem "Vai tudo correr bem!" publicada pela T&P Books é concebida para pessoas que vão ao estrangeiro em viagens de turismo e negócios. Os livros de frases contêm o que é mais importante - o essencial para uma comunicação básica. Este é um conjunto indispensável de frases para "sobreviver" no estrangeiro.

Outra secção do livro também fornece um pequeno dicionário com mais de 1.500 palavras úteis, organizadas por ordem alfabética. O dicionário inclui muitos termos gastronômicos e será útil quando pedir comida num restaurante ou comprar alimentos numa loja.

Editora T&P Books
www.tpbooks.com

ISBN: 978-1-78492-599-4

Este livro também está disponível em formato E-book.
Por favor visite www.tpbooks.com ou as principais livrarias on-line.

PRONÚNCIA

Alfabeto fonético T&P	Exemplo Holandês	Exemplo Português
[a]	plasje	chamar
[ã]	kraag	rapaz
[o], [ɔ]	zondag	noite
[o]	geografie	lobo
[õ]	oorlog	albatroz
[e]	nemen	metal
[ẽ]	wreed	plateia
[ɛ]	ketterij	mesquita
[ɛ:]	crème	plateia
[ə]	tachtig	milagre
[i]	alpinist	sinónimo
[ī]	referee	cair
[ʏ]	stadhuis	questionar
[œ]	druif	orgulhoso
[ø]	treurig	orgulhoso
[u]	schroef	bonita
[ʉ]	zuchten	nacional
[ū]	minuut	trabalho
[b]	oktober	barril
[d]	diepte	dentista
[f]	fierheid	safári
[g]	golfclub	gosto
[h]	horizon	[h] aspirada
[j]	jaar	géiser
[k]	klooster	kiwi
[l]	politiek	libra
[m]	melodie	magnólia
[n]	netwerk	natureza
[p]	peper	presente
[r]	rechter	riscar
[s]	smaak	sanita
[t]	telefoon	tulipa
[v]	vijftien	fava
[w]	waaier	página web

Alfabeto fonético T&P	Exemplo Holandês	Exemplo Português
[z]	zacht	sésamo
[ʤ]	manager	adjetivo
[ʃ]	architect	mês
[ŋ]	behang	alcançar
[ʧ]	beertje	Tchau!
[ʒ]	bougie	talvez
[x]	acht, gaan	arte

LISTA DE ABREVIATURAS

Abreviaturas do Português

adj	-	adjetivo
adv	-	advérbio
anim.	-	animado
conj.	-	conjunção
desp.	-	desporto
etc.	-	etecetra
ex.	-	por exemplo
f	-	nome feminino
f pl	-	feminino plural
fem.	-	feminino
inanim.	-	inanimado
m	-	nome masculino
m pl	-	masculino plural
m, f	-	masculino, feminino
masc.	-	masculino
mat.	-	matemática
mil.	-	militar
pl	-	plural
prep.	-	preposição
pron.	-	pronome
sb.	-	sobre
sing.	-	singular
v aux	-	verbo auxiliar
vi	-	verbo intransitivo
vi, vt	-	verbo intransitivo, transitivo
vp	-	verbo pronominal
vt	-	verbo transitivo

Abreviaturas do Holandês

mv.	-	plural

Artigos do Holandês

de	-	género comum
de/het	-	neutro, género comum
het	-	neutro

T&P BOOKS

GUIA DE
CONVERSAÇÃO
HOLANDÊS

Esta secção contém frases
importantes que podem vir
a ser úteis em várias
situações da vida real.
O Guia de Conversação irá
ajudá-lo a pedir orientações,
esclarecer um preço,
comprar bilhetes e pedir
comida num restaurante

T&P Books Publishing

CONTEÚDO DO GUIA DE CONVERSAÇÃO

T&P Books Publishing

O mínimo

Desculpe, ...	**Pardon, ...** [par'dɔn, ...]
Olá!	**Hallo.** [halɔ]
Obrigado /Obrigada/.	**Bedankt.** [bə'dankt]
Adeus.	**Tot ziens.** [tɔt zins]
Sim.	**Ja.** [ja]
Não.	**Nee.** [nē̆]
Não sei.	**Ik weet het niet.** [ik wēt ət nit]
Onde? | Para onde? | Quando?	**Waar? | Waarheen? | Wanneer?** [wãr? | wãr'hē̆n? | wa'nēr?]
Preciso de ...	**Ik heb ... nodig** [ik hɛp ... 'nɔdəx]
Eu queria ...	**Ik wil ...** [ik wil ...]
Tem ...?	**Hebt u ...?** [hɛpt ju ...?]
Há aqui ...?	**Is hier een ...?** [is hir en ...?]
Posso ...?	**Mag ik ...?** [max ik ...?]
..., por favor	**... alstublieft** [... alstu'blift]
Estou à procura de ...	**Ik zoek ...** [ik zuk ...]
casa de banho	**toilet** [twa'lɛt]
Multibanco	**geldautomaat** [xɛlt·autɔ'mãt]
farmácia	**apotheek** [apɔ'tē̆k]
hospital	**ziekenhuis** [zikənhœys]
esquadra de polícia	**politiebureau** [pɔ\'litsi bɥ\'rɔ]
metro	**metro** ['metrɔ]

táxi	**taxi** [taksi]
estação de comboio	**station** [sta'tsjɔn]

Chamo-me …	**Ik heet …** [ik hēt …]
Como se chama?	**Hoe heet u?** [hu hēt ju?]
Pode-me dar uma ajuda?	**Kunt u me helpen alstublieft?** [kʉnt ju mə 'hɛlpən alstʉ'blift?]
Tenho um problema.	**Ik heb een probleem.** [ik hɛp en prɔ'blēm]
Não me sinto bem.	**Ik voel me niet goed.** [ik vul mə nit xut]
Chame a ambulância!	**Bel een ambulance!** [bɛl en ambʉ'lansə!]
Posso fazer uma chamada?	**Mag ik opbellen?** [max ik ɔ'bɛlən?]

Desculpe.	**Sorry.** ['sɔri]
De nada.	**Graag gedaan.** [xrãx xə'dãn]

eu	**Ik, mij** [ik, mɛj]
tu	**jij** [jɛj]
ele	**hij** [hɛj]
ela	**zij** [zɛj]
eles	**zij** [zɛj]
elas	**zij** [zɛj]
nós	**wij** [wɛj]
vocês	**jullie** ['juli]
você	**u** [ju]

ENTRADA	**INGANG** [inxaŋ]
SAÍDA	**UITGANG** [œytxaŋ]
FORA DE SERVIÇO	**BUITEN GEBRUIK** [bœytən xə'brœyk]
FECHADO	**GESLOTEN** [xə'slɔtən]

ABERTO	**OPEN**
	['ɔpən]
PARA SENHORAS	**DAMES**
	[daməs]
PARA HOMENS	**HEREN**
	['herən]

Perguntas

Onde? | **Waar?**
[wãr?]

Para onde? | **Waarheen?**
[wãr'hēn?]

De onde? | **Vanwaar?**
[van'wãr?]

Porquê? | **Waar?**
[wãr?]

Porque razão? | **Waarom?**
[wã'rɔm?]

Quando? | **Wanneer?**
[wa'nēr?]

Quanto tempo? | **Hoe lang?**
[hu laŋ?]

A que horas? | **Hoe laat?**
[hu lāt?]

Quanto? | **Hoeveel?**
[huvēl?]

Tem ...? | **Hebt u ...?**
[hɛpt ju ...?]

Onde fica ...? | **Waar is ...?**
[wãr is ...?]

Que horas são? | **Hoe laat is het?**
[hu lāt is ət?]

Posso fazer uma chamada? | **Mag ik opbellen?**
[max ik ɔ'bɛlən?]

Quem é? | **Wie is daar?**
[wi is dãr?]

Posso fumar aqui? | **Mag ik hier roken?**
[max ik hir 'rɔkən?]

Posso ...? | **Mag ik ...?**
[max ik ...?]

Necessidades

Eu gostaria de ...	**Ik zou graag ...** [ik 'zau xrāx ...]
Eu não quero ...	**Ik wil niet ...** [ik wil nit ...]
Tenho sede.	**Ik heb dorst.** [ik hɛp dɔrst]
Eu quero dormir.	**Ik wil gaan slapen.** [ik wil xān 'slapən]

Eu queria ...	**Ik wil ...** [ik wil ...]
lavar-me	**wassen** [wasən]
escovar os dentes	**mijn tanden poetsen** [mɛjn 'tandən 'putsən]
descansar um pouco	**even rusten** [evən 'rʉstən]
trocar de roupa	**me omkleden** [mə 'ɔmkledən]

voltar ao hotel	**teruggaan naar het hotel** [te'rʉxxān nār hɛt hɔ'tɛl]
comprar ...	**... kopen** [... 'kɔpən]
ir para ...	**gaan naar ...** [xān nār ...]
visitar ...	**bezoeken ...** [bə'zukən ...]
encontrar-me com ...	**ontmoeten ...** [ɔnt'mutən ...]
fazer uma chamada	**opbellen** [ɔ'bɛlən]

Estou cansado /cansada/.	**Ik ben moe.** [ik bɛn mu]
Nós estamos cansados /cansadas/.	**We zijn moe.** [we zɛjn mu]
Tenho frio.	**Ik heb het koud.** [ik hɛp ət 'kaut]
Tenho calor.	**Ik heb het warm.** [ik hɛp ət warm]
Estou bem.	**Ik ben okay.** [ik bɛn ɔ'kɛj]

Preciso de telefonar. **Ik moet opbellen.**
[ik mut ɔ'bɛlən]

Preciso de ir à casa de banho. **Ik moet naar het toilet.**
[ik mut nār ət twa'lɛt]

Tenho de ir. **Ik moet weg.**
[ik mut wɛx]

Tenho de ir agora. **Ik moet nu weg.**
[ik mut nʉ wɛx]

Perguntando por direções

Desculpe, ...	**Pardon, ...** [par'dɔn, ...]
Onde fica ...?	**Waar is ...?** [wãr is ...?]
Para que lado fica ...?	**Welke richting is ...?** ['wɛlkə 'rixtiŋ is ...?]
Pode-me dar uma ajuda?	**Kunt u me helpen alstublieft?** [kʉnt ju mə 'hɛlpən alstʉ'blift?]
Estou à procura de ...	**Ik zoek ...** [ik zuk ...]
Estou à procura da saída.	**Waar is de uitgang?** [wãr is də 'œʏtxaŋ?]
Eu vou para ...	**Ik ga naar ...** [ik xa nãr ...]
Estou a ir bem para ...?	**Is dit de weg naar ...?** [is dit də wɛx nãr ...?]
Fica longe?	**Is het ver?** [iz ət vɛr?]
Posso ir até lá a pé?	**Kan ik er lopend naar toe?** [kan ik ɛr 'lopənt nãr tu?]
Pode-me mostrar no mapa?	**Kunt u het op de plattegrond aanwijzen?** [kʉnt ju ət ɔp də platə'xrɔnt 'ãnwɛjzən?]
Mostre-me onde estamos de momento.	**Kunt u me aanwijzen waar we nu zijn?** [kʉnt ju mə 'ãnwɛjzən wãr wə nʉ zɛjn]
Aqui	**Hier** [hir]
Ali	**Daar** [dãr]
Por aqui	**Deze kant uit** [dezə kant 'œʏt]
Vire à direita.	**Rechtsaf.** [rɛxts'af]
Vire à esquerda.	**Linksaf.** [linksaf]
primeira (segunda, terceira) curva	**eerste (tweede, derde) bocht** [ẽrstə ('twẽdə, 'dɛrdə) bɔxt]

para a direita	**rechtsaf** [rɛxts'af]
para a esquerda	**linksaf** [linksaf]
Vá sempre em frente.	**Ga rechtuit.** [xa 'rɛxtœʏt]

Sinais

BEM-VINDOS! **WELKOM!**
['wɛlkɔm!]

ENTRADA **INGANG**
[inxaŋ]

SAÍDA **UITGANG**
[œʏtxaŋ]

EMPURRAR **DRUK**
[drʉk]

PUXAR **TREK**
[trɛk]

ABERTO **OPEN**
['ɔpən]

FECHADO **GESLOTEN**
[xə'slɔtən]

PARA SENHORAS **DAMES**
[daməs]

PARA HOMENS **HEREN**
['herən]

HOMENS, CAVALHEIROS (m) **HEREN (m)**
['herən]

SENHORAS (f) **DAMES (v)**
[daməs]

DESCONTOS **KORTINGEN**
['kɔrtiŋən]

SALDOS **UITVERKOOP**
[œʏt'vɛrkōp]

GRATUITO **GRATIS**
[xratis]

NOVIDADE! **NIEUW!**
[niu!]

ATENÇÃO! **PAS OP!**
[pas ɔp!]

NÃO HÁ VAGAS **ALLE KAMERS BEZET**
[ale 'kamərs bə'zɛt]

RESERVADO **GERESERVEERD**
[xərezɛr'vērt]

ADMINISTRAÇÃO **ADMINISTRATIE**
[administ'ratsi]

ACESSO RESERVADO **UITSLUITEND PERSONEEL**
[œʏtslœʏtənt pɛrsɔ'nēl]

CUIDADO COM O CÃO

PAS OP VOOR DE HOND!
[pas ɔp vōr də hɔnt!]

NÃO FUMAR!

VERBODEN TE ROKEN!
[vər'bɔdən tə 'rɔkən!]

NÃO MEXER!

NIET AANRAKEN!
[nit 'ānrakən!]

PERIGOSO

GEVAARLIJK
[xe'vārlək]

PERIGO

GEVAAR
[xe'vār]

ALTA TENSÃO

HOOGSPANNING
[hōxs'paniŋ]

PROIBIDO NADAR

VERBODEN TE ZWEMMEN
[vər'bɔdən tə 'zwemən]

FORA DE SERVIÇO

BUITEN GEBRUIK
[bœytən xe'brœyk]

INFLAMÁVEL

ONTVLAMBAAR
[ɔnt'flambār]

PROIBIDO

VERBODEN
[vər'bɔdən]

PASSAGEM PROIBIDA

VERBODEN TOEGANG
[vər'bɔdən 'tuxaŋ]

PINTADO DE FRESCO

NATTE VERF
[natə vɛrf]

FECHADO PARA OBRAS

GESLOTEN WEGENS VERBOUWING
[xə'slɔtən 'wexəns vər'bauwiŋ]

TRABALHOS NA VIA

WERK IN UITVOERING
[wɛrk in œyt'vuriŋ]

DESVIO

OMWEG
['ɔmwɛx]

Transportes. Frases gerais

avião	**vliegtuig**
	[vlixtœʏx]
comboio	**trein**
	[trɛjn]
autocarro	**bus**
	[bʉs]
ferri	**veerpont**
	[vẽrpɔnt]
táxi	**taxi**
	[taksi]
carro	**auto**
	[autɔ]

horário	**dienstregeling**
	[dinst·'rexəliŋ]
Onde posso ver o horário?	**Waar is de dienstregeling?**
	[wãr is də dinst·'rexəliŋ?]
dias de trabalho	**werkdagen**
	[wɛrk'daxən]
fins de semana	**weekends**
	[wĩkɛnts]
férias	**vakanties**
	[va'kantsis]

PARTIDA	**VERTREK**
	[vər'trɛk]
CHEGADA	**AANKOMST**
	[ãnkɔmst]
ATRASADO	**VERTRAAGD**
	[vərt'rãxt]
CANCELADO	**GEANNULEERD**
	[xəanʉ'lẽrt]

próximo (comboio, etc.)	**volgende**
	['vɔlxəndə]
primeiro	**eerste**
	[ẽrstə]
último	**laatste**
	[lãtstə]

Quando é o próximo …?	**Hoe laat gaat de volgende …?**
	[hu lãt xãt də 'vɔlxəndə …?]
Quando é o primeiro …?	**Hoe laat gaat de eerste …?**
	[hu lãt xãt də 'ẽrstə …?]

Quando é o último ...?

Hoe laat gaat de laatste ...?
[hu lāt xāt də 'lātstə ...?]

transbordo

aansluiting
[ānslœʏtiŋ]

fazer o transbordo

overstappen
[ɔvər'stapən]

Preciso de fazer o transbordo?

Moet ik overstappen?
[mut ik ɔvər'stapən?]

Comprando bilhetes

Onde posso comprar bilhetes?
Waar kan ik kaartjes kopen?
[wãr kan ik 'kãrtjəs 'kɔpən?]

bilhete
kaartje
[kãrtjə]

comprar um bilhete
een kaartje kopen
[en 'kãrtjə 'kɔpən]

preço do bilhete
prijs van een kaartje
[prɛjs van en 'kãrtjə]

Para onde?
Waarheen?
[wãr'hēn?]

Para que estação?
Naar welk station?
[nãr wɛlk sta'tsjɔn?]

Preciso de ...
Ik heb ... nodig
[ik hɛp ... 'nɔdəx]

um bilhete
een kaartje
[en 'kãrtjə]

dois bilhetes
twee kaartjes
[twē 'kãrtjəs]

três bilhetes
drie kaartjes
[dri 'kãrtjəs]

só de ida
enkel
['ɛnkəl]

de ida e volta
retour
[re'tuːr]

primeira classe
eerste klas
[ērstə klas]

segunda classe
tweede klas
[twēdə klas]

hoje
vandaag
[van'dãx]

amanhã
morgen
['mɔrxən]

depois de amanhã
overmorgen
[ɔvər'mɔrxən]

de manhã
s morgens
[s 'mɔrxəns]

à tarde
s middags
[s 'midaxs]

ao fim da tarde
s avonds
[s 'avɔnts]

lugar de corredor

zitplaats aan het gangpad
[zitplāts ān ət 'xaŋpat]

lugar à janela

zitplaats bij het raam
[zitplāts bɛj ət rām]

Quanto?

Hoeveel?
[huvēl?]

Posso pagar com cartão de crédito?

Kan ik met een creditcard betalen?
[kan ik mɛt en 'kredit·kart bə'talən?]

Autocarro

autocarro	**bus** [bʉs]
camioneta (autocarro interurbano)	**intercity bus** [inter'siti bʉs]
paragem de autocarro	**bushalte** [bʉs'haltə]
Onde é a paragem de autocarro mais perto?	**Waar is de meest nabij gelegen bushalte?** [wãr is də mẽst na'bɛj xə'lexən bʉs'haltə?]

número	**nummer** [nʉmər]
Qual o autocarro que apanho para ...?	**Met welke bus kan ik naar ... gaan?** [mɛt 'wɛlkə bʉs kan ik nãr ... xãn?]
Este autocarro vai até ...?	**Gaat deze bus naar ...?** [xãt 'dezə bʉs nãr ...?]
Com que frequência passam os autocarros?	**Hoe dikwijls rijden de bussen?** [hu 'dikwəls 'rɛjdən də 'bʉsən?]

de 15 em 15 minutos	**om het kwartier** [ɔm ət kwar'tir]
de meia em meia hora	**om het half uur** [ɔm ət half ũr]
de hora a hora	**om het uur** [ɔm ət ũr]

várias vezes ao dia	**verschillende keren per dag** [vər'sxiləndə 'kerən pər dax]
... vezes ao dia	**... keer per dag** [... kẽr pər dax]

horário	**dienstregeling** [dinst·'rexəliŋ]
Onde posso ver o horário?	**Waar is de dienstregeling?** [wãr is də dinst·'rexəliŋ?]

Quando é o próximo autocarro?	**Hoe laat vertrekt de volgende bus?** [hu lãt vər'trɛkt də 'vɔlxəndə bʉs?]
Quando é o primeiro autocarro?	**Hoe laat vertrekt de eerste bus?** [hu lãt vər'trɛkt də 'ẽrstə bʉs?]
Quando é o último autocarro?	**Hoe laat vertrekt de laatste bus?** [hu lãt vər'trɛkt də 'lãtstə bʉs?]

paragem	**halte** [haltə]
próxima paragem	**volgende halte** [vɔlxəndə 'haltə]
última paragem	**eindstation** [ɛjnt sta'tsjɔn]
Pare aqui, por favor.	**Hier stoppen alstublieft.** [hir 'stɔpən alstʉ'blift]
Desculpe, esta é a minha paragem.	**Pardon, dit is mijn halte.** [par'dɔn, dit is mɛjn 'haltə]

Comboio

comboio	**trein** [trɛjn]
comboio sub-urbano	**pendeltrein** ['pendəl trɛjn]
comboio de longa distância	**langeafstandstrein** [laŋe·'afstants·trɛjn]
estação de comboio	**station** [sta'tsjɔn]
Desculpe, onde fica a saída para a plataforma?	**Pardon, waar is de toegang tot het perron?** [par'dɔn, wār is də 'tuxaŋ tɔt ət pɛ'rɔn?]

Este comboio vai até ...?	**Gaat deze trein naar ...?** [xāt 'dezə trɛjn nār ...?]
próximo comboio	**volgende trein** ['vɔlxəndə trɛjn]
Quando é o próximo comboio?	**Hoe laat gaat de volgende trein?** [hu lāt xāt də 'vɔlxəndə trɛjn?]
Onde posso ver o horário?	**Waar is de dienstregeling?** [wār is də dinst·'rexəliŋ?]
Apartir de que plataforma?	**Van welk perron?** [van wɛlk pɛ'rɔn?]
Quando é que o comboio chega a ...?	**Wanneer komt de trein aan in ...?** [wa'nēr kɔmt də trɛjn ān in ...?]

Ajude-me, por favor.	**Kunt u me helpen alstublieft?** [kʉnt ju mə 'hɛlpən alstʉ'blift?]
Estou à procura do meu lugar.	**Ik zoek mijn zitplaats.** [ik zuk mɛjn 'zitplāts]
Nós estamos à procura dos nossos lugares.	**Wij zoeken onze zitplaatsen.** [wɛj 'zukən 'ɔnzə 'zitplātsen]
O meu lugar está ocupado.	**Mijn zitplaats is bezet.** [mɛjn 'zitplāts is bə'zɛt]
Os nossos lugares estão ocupados.	**Onze zitplaatsen zijn bezet.** [ɔnzə 'zitplātsen zɛjn bə'zɛt]

Peço desculpa mas este é o meu lugar.	**Sorry, maar dit is mijn zitplaats.** [sɔri, mār dit is mɛjn 'zitplāts]
Este lugar está ocupado?	**Is deze zitplaats bezet?** [is 'dezə 'zitplāts bə'zɛt?]
Posso sentar-me aqui?	**Mag ik hier zitten?** [max ik hir 'zitən?]

No comboio. Diálogo (Sem bilhete)

Bilhete, por favor.

Uw kaartje alstublieft.
[ʉw 'kārtjə alstʉ'blift]

Não tenho bilhete.

Ik heb geen kaartje.
[ik hɛp xēn 'kārtjə]

Perdi o meu bilhete.

Ik heb mijn kaartje verloren.
[ik hɛp mɛjn 'kārtjə vər'lɔrən]

Esqueci-me do bilhete em casa.

Ik heb mijn kaartje thuis vergeten.
[ik hɛp mɛjn 'kārtjə thœys vər'xetən]

Pode comprar um bilhete a mim.

U kunt een kaartje van mij kopen.
[ju kʉnt ən 'kārtjə van mɛj 'kɔpən]

Terá também de pagar uma multa.

U moet ook een boete betalen.
[ju mut ōk ən 'butə bə'talən]

Está bem.

Okay.
[ɔ'kɛj]

Onde vai?

Waar gaat u naartoe?
[wār xāt ju nārtu?]

Eu vou para ...

Ik ga naar ...
[ik xa nār ...]

Quanto é? Eu não entendo.

Hoeveel kost het? Ik versta het niet.
[huvēl kɔst ət? ik vərs'ta ət nit]

Escreva, por favor.

Schrijf het neer alstublieft.
[sxrɛjf ət nēr alstʉ'blift]

Está bem. Posso pagar
com cartão de crédito?

**Okay. Kan ik met een
creditcard betalen?**
[ɔ'kɛj. kan ik mɛt ən
'kredit·kart bə'talən?]

Sim, pode.

Ja, dat kan.
[ja, dat kan]

Aqui tem a sua fatura.

Hier is uw ontvangstbewijs.
[hir is ʉw ɔnt'faŋst·bə'wɛjs]

Desculpe pela multa.

Sorry voor de boete.
[sɔri vōr də 'butə]

Não tem mal. A culpa foi minha.

Maakt niet uit. Het is mijn schuld.
[mākt nit œyt hɛt is mɛjn sxʉlt]

Desfrute da sua viagem.

Prettige reis.
['prɛtixə rɛjs]

Taxi

táxi	**taxi** [taksi]
taxista	**taxi chauffeur** [taksi ʃoˈfør]
apanhar um táxi	**een taxi nemen** [en 'taksi 'nemən]
paragem de táxis	**taxistandplaats** [taksi·'stantplāts]
Onde posso apanhar um táxi?	**Waar kan ik een taxi nemen?** [wār kan ik en 'taksi 'nemən?]
chamar um táxi	**een taxi bellen** [en 'taksi 'bɛlən]
Preciso de um táxi.	**Ik heb een taxi nodig.** [ik hɛp en 'taksi 'nɔdəx]

Agora.	**Nu onmiddellijk.** [nʉ ɔn'midələk]
Qual é a sua morada?	**Wat is uw adres?** [wat is ʉw ad'rɛs?]
A minha morada é ...	**Mijn adres is ...** [mɛjn ad'rɛs is ...]
Qual o seu destino?	**Uw bestemming?** [ʉw bəs'tɛmiŋ?]
Desculpe, ...	**Pardon, ...** [par'dɔn, ...]
Está livre?	**Bent u vrij?** [bɛnt ju vrɛj?]
Em quanto fica a corrida até ...?	**Hoeveel kost het naar ...?** [huvēl kɔst ət nār ...?]
Sabe onde é?	**Weet u waar dit is?** [wēt ju wār dit is?]

Para o aeroporto, por favor.	**Luchthaven alstublieft.** [lʉxt'havən alstʉ'blift]
Pare aqui, por favor.	**Hier stoppen alstublieft.** [hir 'stɔpən alstʉ'blift]
Não é aqui.	**Het is niet hier.** [hɛt is nit hir]
Esta morada está errada. (Não é aqui)	**Dit is het verkeerde adres.** [dit is ət vər'kērdə ad'rɛs]
Vire à esquerda.	**Linksaf.** [linksaf]
Vire à direita.	**Rechtsaf.** [rɛxts'af]

Quanto lhe devo?

Hoeveel ben ik u schuldig?
[huvēl bɛn ik ju 'sxʉldəx?]

Queria fatura, por favor.

Kan ik een bon krijgen alstublieft.
[kan ik en bɔn 'krɛjxən alstʉ'blift]

Fique com o troco.

Hou het kleingeld maar.
[hau ət 'klɛjnxɛlt mãr]

Espere por mim, por favor.

Wil u even op mij wachten?
[wil ju 'evən ɔp mɛj 'waxtən?]

5 minutos

vijf minuten
[vɛjf mi'nʉtən]

10 minutos

tien minuten
[tin mi'nʉtən]

15 minutos

vijftien minuten
[vɛjftin mi'nʉtən]

20 minutos

twintig minuten
[twintəx mi'nʉtən]

meia hora

een half uur
[ən half ūr]

Hotel

Olá!	**Hallo.** [halɔ]
Chamo-me ...	**Ik heet ...** [ik hēt ...]
Tenho uma reserva.	**Ik heb gereserveerd.** [ik hɛp xərezɛr'vērt]
Preciso de ...	**Ik heb ... nodig** [ik hɛp ... 'nɔdəx]
um quarto de solteiro	**een enkele kamer** [en 'ɛnkelə 'kamər]
um quarto de casal	**een tweepersoons kamer** [en twē·pɛr'sōns 'kamər]
Quanto é?	**Hoeveel kost dat?** [huvēl kɔst dat?]
Está um pouco caro.	**Dat is nogal duur.** [dat is 'nɔxal dūr]
Não tem outras opções?	**Zijn er geen andere mogelijkheden?** [zɛjn ɛr xēn 'anderə 'mɔxələkhedən?]
Eu fico com ele.	**Die neem ik.** [di nēm ik]
Eu pago em dinheiro.	**Ik betaal contant.** [ik bə'tāl kɔn'tant]
Tenho um problema.	**Ik heb een probleem.** [ik hɛp en prɔ'blēm]
O meu ... está partido /A minha ... está partida/.	**Mijn ... is stuk.** [mɛjn ... is stʉk]
O meu ... está avariado /A minha ... está avariada/.	**Mijn ... doet het niet meer.** [mɛjn ... dut ət nit mēr]
televisor (m)	**TV** [te've]
ar condicionado (m)	**airco** ['ɛrkɔ]
torneira (f)	**kraan** [krān]
duche (m)	**douche** [duʃ]
lavatório (m)	**lavabo** [lava'bɔ]
cofre (m)	**brandkast** [brantkast]

fechadura (f)	**deurslot** ['dørslɔt]
tomada elétrica (f)	**stopcontact** [stɔp kɔn'takt]
secador de cabelo (m)	**haardroger** [hār·drɔxər]

Não tenho …	**Ik heb geen …** [ik hɛp xēn …]
água	**water** [watər]
luz	**licht** [lixt]
eletricidade	**stroom** [strõm]

Pode dar-me …?	**Kunt u mij een … bezorgen?** [kʉnt ju mɛj en … bə'zɔrxən?]
uma toalha	**een handdoek** [ən 'handuk]
um cobertor	**een deken** [ən 'dekən]
uns chinelos	**pantoffels** [pan'tɔfəls]
um roupão	**een badjas** [ən badjas]
algum champô	**shampoo** [ʃʌmpõ]
algum sabonete	**zeep** [zēp]

Gostaria de trocar de quartos.	**Ik wil van kamer veranderen.** [ik wil van 'kamər və'randerən]
Não consigo encontrar a minha chave.	**Ik kan mijn sleutel niet vinden.** [ik kan mɛjn 'sløtel nit 'vindən]
Abra-me o quarto, por favor.	**Kunt u mijn kamer openen alstublieft?** [kʉnt ju mɛjn 'kamər 'ɔpenən alstʉ'blift?]
Quem é?	**Wie is daar?** [wi is dār?]
Entre!	**Kom binnen!** [kɔm 'binən!]
Um minuto!	**Een ogenblikje!** [ən 'ɔxənblikje!]
Agora não, por favor.	**Niet op dit moment alstublieft.** [nit ɔp dit mɔ'mɛnt alstʉ'blift]

Venha ao meu quarto, por favor.	**Kom naar mijn kamer alstublieft.** [kɔm nār mɛjn 'kamər alstʉ'blift]
Gostaria de encomendar comida.	**Kan ik room service krijgen?** [kan ik rõm 'sø:rvis 'krɛjxən]
O número do meu quarto é …	**Mijn kamernummer is …** [mɛjn 'kamər·'nʉmer is …]

Estou de saída ...	**Ik vertrek ...**
	[ik vər'trɛk ...]
Estamos de saída ...	**Wij vertrekken ...**
	[wɛj vər'trɛkən ...]
agora	**nu onmiddellijk**
	[nʉ ɔn'midələk]
esta tarde	**vanmiddag**
	[van'midax]
hoje à noite	**vanavond**
	[va'navɔnt]
amanhã	**morgen**
	['mɔrxən]
amanhã de manhã	**morgenochtend**
	['mɔrxən 'ɔxtənt]
amanhã ao fim da tarde	**morgenavond**
	[mɔrxən 'avɔnt]
depois de amanhã	**overmorgen**
	[ɔvər'mɔrxən]

Gostaria de pagar.	**Ik zou willen afrekenen.**
	[ik 'zau 'wilən 'afrekənən]
Estava tudo maravilhoso.	**Alles was uitstekend.**
	[aləs was œyts'tekənt]
Onde posso apanhar um táxi?	**Waar kan ik een taxi nemen?**
	[wãr kan ik en 'taksi 'nemən?]
Pode me chamar um táxi, por favor?	**Wil u alstublieft een taxi bestellen?**
	[wil ju alstʉ'blift en 'taksi bəs'tɛlən?]

Restaurante

Posso ver o menu, por favor?	**Kan ik het menu zien alstublieft?** [kan ik ət me'nʉ zin alstʉ'blift?]
Mesa para um.	**Een tafel voor één persoon.** [en 'tafəl võr en pɛr'sõn]
Somos dois (três, quatro).	**We zijn met z'n tweeën (drieën, vieren).** [we zɛjn mɛt zən 'twēɛn ('driɛn, 'virən)]
Para fumadores	**Roken** ['rɔkən]
Para não fumadores	**Niet roken** [nit 'rɔkən]
Por favor!	**Hallo! Pardon!** [halɔ! par'dɔn!]
menu	**menu** [me'nʉ]
lista de vinhos	**wijnkaart** [wɛjnkãrt]
O menu, por favor.	**Het menu alstublieft.** [hɛt me'nʉ alstʉ'blift]
Já escolheu?	**Bent u zover om te bestellen?** [bɛnt ju 'zɔvər ɔm tə bəs'tɛlən?]
O que vai tomar?	**Wat wenst u?** [wat wɛnst ju?]
Eu quero …	**Voor mij …** [võr mɛj …]
Eu sou vegetariano /vegetariana/.	**Ik ben vegetariër.** [ik bɛn vexə'tarijər]
carne	**vlees** [vlēs]
peixe	**vis** [vis]
vegetais	**groente** ['xruntə]
Tem pratos vegetarianos?	**Hebt u vegetarische gerechten?** [hɛpt ju vexə'tarisə xə'rɛxtən?]
Não como porco.	**Ik eet niet varkensvlees.** [ik ēt nit 'varkənsvlēs]
Ele /ela/ não come porco.	**Hij /zij/ eet geen vlees.** [hɛj /zɛj/ ēt xēn vlēs]

Sou alérgico /alérgica/ a …

Ik ben allergisch voor …
[ik bɛn aˈlerxis vōr …]

Por favor, pode trazer-me …?

Wil u mij … brengen
[wil ju mɛj … bˈrɛŋən]

sal | pimenta | açucar

zout | peper | suiker
[zaut | ˈpepər | ˈsœvkər]

café | chá | sobremesa

koffie | thee | dessert
[kɔfi | tĕ | dɛˈsɛːr]

água | com gás | sem gás

water | met prik | gewoon
[watər | mɛt prik | xəˈwōn]

uma colher | um garfo | uma faca

een lepel | vork | mes
[en ˈlepəl | vɔrk | mɛs]

um prato | um guardanapo

een bord | servet
[en bɔrt | sɛrˈvɛt]

Bom apetite!

Smakelijk!
[smakələk!]

Mais um, por favor.

Nog een alstublieft.
[nɔx en alstʉˈblift]

Estava delicioso.

Het was heerlijk.
[hɛt was ˈhĕrlək]

---

conta | troco | gorjeta

rekening | wisselgeld | fooi
[rekəniŋ | ˈwisəl·xɛlt | fōj]

A conta, por favor.

De rekening alstublieft.
[də ˈrekəniŋ alstʉˈblift]

Posso pagar com cartão de crédito?

Kan ik met een creditcard betalen?
[kan ik mɛt en ˈkredit·kart bəˈtalən?]

Desculpe, mas tem um erro aqui.

Sorry, hier is een fout.
[sɔri, hir iz en ˈfaut]

Centro Comercial

Posso ajudá-lo /ajudá-la/?	**Waarmee kan ik u van dienst zijn?** [wãr'mē kan ik ju van dinst zɛjn?]
Tem ...?	**Hebt u ...?** [hɛpt ju ...?]
Estou à procura de ...	**Ik zoek ...** [ik zuk ...]
Preciso de ...	**Ik heb ... nodig** [ik hɛp ... 'nɔdəx]
Estou só a ver.	**Ik kijk even.** [ik kɛjk 'evən]
Estamos só a ver.	**Wij kijken even.** [wɛj 'kɛjkən 'evən]
Volto mais tarde.	**Ik kom wat later terug.** [ik kɔm wat 'latər te'rʉx]
Voltamos mais tarde.	**We komen later terug.** [we 'kɔmən 'latər te'rʉx]
descontos | saldos	**korting | uitverkoop** [kɔrtiŋ | 'œʏtverkōp]
Mostre-me, por favor ...	**Kunt u mij ... laten zien alstublieft?** [kʉnt ju mɛj ... 'latən zin alstʉ'blift?]
Dê-me, por favor ...	**Kunt u mij ... geven alstublieft?** [kʉnt ju mɛj ... 'xevən alstʉ'blift?]
Posso experimentar?	**Kan ik dit passen?** [kan ik dit 'pasən?]
Desculpe, onde fica a cabine de prova?	**Pardon, waar is de paskamer?** [par'dɔn, wãr is də 'pas·kamər?]
Que cor prefere?	**Welke kleur wenst u?** ['wɛlkə 'klør wɛnst ju?]
tamanho | cvomprimento	**maat | lengte** [mãt | 'leŋtə]
Como lhe fica?	**Past het?** [past ət?]
Quanto é que isto custa?	**Hoeveel kost het?** [huvēl kɔst ət?]
É muito caro.	**Dat is te duur.** [dat is tə dūr]
Eu fico com ele.	**Ik neem het.** [ik nēm ət]
Desculpe, onde fica a caixa?	**Pardon, waar moet ik betalen?** [par'dɔn, wãr mut ik bə'talən?]

Vai pagar a dinheiro ou com cartão de crédito?	**Betaalt u contant of met een creditcard?** [bə'tālt ju kɔn'tant ɔf mɛt en 'kredit·kart?]
A dinheiro | com cartão de crédito	**contant | met een creditcard** [kɔn'tant | mɛt en 'kredit·kart]

Pretende fatura?	**Wil u een kwitantie?** [wil ju en kwi'tantsi?]
Sim, por favor.	**Ja graag.** [ja xrāx]
Não. Está bem!	**Nee, hoeft niet.** [nē, huft nit]
Obrigado /Obrigada/. Tenha um bom dia!	**Bedankt. Een fijne dag verder!** [bə'dankt. en 'fɛjnə dax 'vɛrdər!]

Na cidade

Desculpe, por favor …	**Pardon, …** [par'dɔn, …]
Estou à procura …	**Ik ben op zoek naar …** [ik bɛn ɔp zuk nãr …]
do metro	**de metro** [də 'metrɔ]
do meu hotel	**mijn hotel** [mɛjn hɔ'tɛl]
do cinema	**de bioscoop** [də biɔ'skõp]
da praça de táxis	**een taxistandplaats** [en 'taksi·'stantplãts]
do multibanco	**een geldautomaat** [en xɛlt·autɔ'mãt]
de uma casa de câmbio	**een wisselagent** [en 'wisəl·a'xɛnt]
de um café internet	**een internet café** [en 'intərnɛt ka'fe]
da rua …	**… straat** [… strãt]
deste lugar	**dit adres** [dit ad'rɛs]
Sabe dizer-me onde fica …?	**Weet u waar … is?** [wẽt ju wãr … is?]
Como se chama esta rua?	**Welke straat is dit?** [wɛlkə strãt is dit?]
Mostre-me onde estamos de momento.	**Kunt u me aanwijzen waar we nu zijn?** [kʉnt ju mə 'ãnwɛjzən wãr wə nʉ zɛjn]
Posso ir até lá a pé?	**Kan ik er lopend naar toe?** [kan ik ɛr 'lɔpənt nãr tu?]
Tem algum mapa da cidade?	**Hebt u een plattegrond van de stad?** [hɛpt ju en platə'xrɔnt van də stat?]
Quanto custa a entrada?	**Hoeveel kost de toegang?** [huvẽl kɔst də 'tuxaŋ?]
Pode-se fotografar aqui?	**Kan ik hier foto's maken?** [kan ik hir 'fotɔs 'makən?]
Estão abertos?	**Bent u open?** [bɛnt ju 'ɔpən?]

A que horas abrem?

Hoe laat gaat u open?
[hu lāt xāt ju 'ɔpən?]

A que horas fecham?

Hoe laat sluit u?
[hu lāt slœʏt ju?]

Dinheiro

dinheiro	**geld** [xɛlt]
a dinheiro	**contant** [kɔn'tant]
dinheiro de papel	**bankbiljetten** [bank·bi'ljetən]
troco	**kleingeld** [klɛjn·xɛlt]
conta | troco | gorjeta	**rekening | wisselgeld | fooi** [rekəniŋ | 'wisəl·xɛlt | fõj]
cartão de crédito	**creditcard** [kredit·kart]
carteira	**portemonnee** [pɔrtəmɔ'në]
comprar	**kopen** ['kɔpən]
pagar	**betalen** [bə'talən]
multa	**boete** ['butə]
gratuito	**gratis** [xratis]
Onde é que posso comprar ...?	**Waar kan ik ... kopen?** [wār kan ik ... 'kɔpən?]
O banco está aberto agora?	**Is de bank nu open?** [is də bank nʉ 'ɔpən?]
Quando abre?	**Hoe laat gaat hij open?** [hu lāt xāt hɛj 'ɔpən?]
Quando fecha?	**Hoe laat sluit hij?** [hu lāt slœyt hɛj?]
Quanto?	**Hoeveel?** [huvēl?]
Quanto custa isto?	**Hoeveel kost dit?** [huvēl kɔst dit?]
É muito caro.	**Dat is te duur.** [dat is tə dūr]
Desculpe, onde fica a caixa?	**Pardon, waar moet ik betalen?** [par'dɔn, wār mut ik bə'talən?]
A conta, por favor.	**De rekening alstublieft.** [də 'rekəniŋ alstʉ'blift]

Posso pagar com cartão de crédito? **Kan ik met een creditcard betalen?**
[kan ik mɛt en 'kredit·kart bə'talən?]

Há algum Multibanco aqui? **Is hier een geldautomaat?**
[is hir en xɛlt·autɔ'māt?]

Estou à procura de um Multibanco. **Ik zoek een geldautomaat.**
[ik zuk en xɛlt·autɔ'māt]

Estou à procura de uma
casa de câmbio.

Ik zoek een wisselagent.
[ik zuk en 'wisəl a'xɛnt]

Eu gostaria de trocar ... **Ik zou ... willen wisselen.**
[ik 'zau ... 'wilən 'wisələn]

Qual a taxa de câmbio? **Wat is de wisselkoers?**
[wat is də 'wisəl·kurs?]

Precisa do meu passaporte? **Hebt u mijn paspoort nodig?**
[hɛpt ju mɛjn 'paspōrt 'nɔdəx?]

Tempo

Que horas são?	**Hoe laat is het?** [hu lāt is ət?]
Quando?	**Wanneer?** [wa'nēr?]
A que horas?	**Hoe laat?** [hu lāt?]
agora | mais tarde | depois ...	**nu | later | na ...** [nʉ | 'latər | na ...]
uma em ponto	**een uur** [en ūr]
uma e quinze	**kwart over een** [kwart 'ɔvər en]
uma e trinta	**half twee** [half twē]
uma e quarenta e cinco	**kwart voor twee** [kwart vōr twē]
um | dois | três	**een | twee | drie** [en | twē | dri]
quatro | cinco | seis	**vier | vijf | zes** [vir | vɛjf | zɛs]
set | oito | nove	**zeven | acht | negen** [zevən | axt | 'nexən]
dez | onze | doze	**tien | elf | twaalf** [tin | ɛlf | twālf]
dentro de ...	**binnen ...** ['binən ...]
5 minutos	**vijf minuten** [vɛjf mi'nʉtən]
10 minutos	**tien minuten** [tin mi'nʉtən]
15 minutos	**vijftien minuten** [vɛjftin mi'nʉtən]
20 minutos	**twintig minuten** [twintəx mi'nʉtən]
meia hora	**een half uur** [en half ūr]
uma hora	**een uur** [en ūr]

de manhã	s ochtends [s 'ɔxtənts]
esta manhã cedo	s ochtends vroeg [s 'ɔxtənts vrux]
esta manhã	vanmorgen [van'mɔrxən]
amanhã de manhã	morgenochtend ['mɔrxən 'ɔxtənt]

ao meio-dia	in het midden van de dag [in ət 'midən van də dax]
à tarde	s middags [s 'midaxs]
à noite (das 18h às 24h)	s avonds [s 'avɔnts]
esta noite	vanavond [va'navɔnt]

à noite (da 0h às 6h)	s avonds [s 'avɔnts]
ontem	gisteren ['xistərən]
hoje	vandaag [van'dãx]
amanhã	morgen ['mɔrxən]
depois de amanhã	overmorgen [ɔvər'mɔrxən]

Que dia é hoje?	Wat is het vandaag? [wat is ət van'dãx?]
Hoje é ...	Het is ... [hɛt is ...]
segunda-feira	maandag [mãndax]
terça-feira	dinsdag [dinzdax]
quarta-feira	woensdag [wunzdax]

quinta-feira	donderdag [dɔndərdax]
sexta-feira	vrijdag [vrɛjdax]
sábado	zaterdag [zatərdax]
domingo	zondag [zɔndax]

Saudações. Apresentações

Olá! **Hallo.**
[halɔ]

Prazer em conhecê-lo /conhecê-la/. **Aangenaam.**
[ānxənām]

O prazer é todo meu. **Insgelijks.**
['insxeleks]

Apresento-lhe ... **Mag ik u voorstellen aan ...**
[max ik ju 'vōrstɛlən ān ...]

Muito prazer. **Aangenaam.**
[ānxənām]

Como está? **Hoe gaat het met u?**
[hu xāt ət mɛt ju?]

Chamo-me ... **Ik heet ...**
[ik hēt ...]

Ele chama-se ... **Dit is ...**
[dit is ...]

Ela chama-se ... **Dit is ...**
[dit is ...]

Como é que o senhor /a senhora/ **Hoe heet u?**
se chama? [hu hēt ju?]

Como é que ela se chama? **Hoe heet hij?**
[hu hēt hɛj?]

Como é que ela se chama? **Hoe heet zij?**
[hu hēt zɛj?]

Qual o seu apelido? **Wat is uw achternaam?**
[wat is ʉw 'axtər·nām?]

Pode chamar-me ... **Noem mij maar ...**
[num mɛj mār ...]

De onde é? **Vanwaar komt u?**
[van'wār kɔmt ju?]

Sou de ... **Ik kom van ...**
[ik kɔm van ...]

O que faz na vida? **Wat is uw beroep?**
[wat is ʉw bə'rup?]

Quem é este? **Wie is dit?**
[wi is dit?]

Quem é ele? **Wie is hij?**
[wi is hɛj?]

Quem é ela? **Wie is zij?**
[wi is zɛj?]

Quem são eles? **Wie zijn zij?**
[wi zɛjn zɛj?]

Este é ...

o meu amigo

a minha amiga

o meu marido

a minha mulher

Dit is ...
[dit is ...]

mijn vriend
[mɛjn vrint]

mijn vriendin
[mɛjn vrin'din]

mijn man
[mɛjn man]

mijn vrouw
[mɛjn 'vrau]

o meu pai

a minha mãe

o meu irmão

a minha irmã

o meu filho

a minha filha

mijn vader
[mɛjn 'vadər]

mijn moeder
[mɛjn 'mudər]

mijn broer
[mɛjn brur]

mijn zuster
[mɛjn 'zʉstər]

mijn zoon
[mɛjn zõn]

mijn dochter
[mɛjn 'dɔxtər]

Este é o nosso filho.

Este é a nossa filha.

Estes são os meus filhos.

Estes são os nossos filhos.

Dit is onze zoon.
[dit is 'ɔnzə zõn]

Dit is onze dochter.
[dit is 'ɔnzə 'dɔxtər]

Dit zijn mijn kinderen.
[dit zɛjn 'mɛjn 'kindərən]

Dit zijn onze kinderen.
[dit zɛjn 'ɔnzə 'kindərən]

Despedidas

Adeus!	**Tot ziens!** [tɔt zins!]
Tchau!	**Doei!** [dui!]
Até amanhã.	**Tot morgen.** [tɔt 'mɔrxən]
Até breve.	**Tot binnenkort.** [tɔt binə'kɔrt]
Até às sete.	**Tot om zeven uur.** [tɔt ɔm 'zevən ūr]

Diverte-te!	**Veel plezier!** [vēl plə'zīr!]
Falamos mais tarde.	**Tot straks.** [tɔt straks]
Bom fim de semana.	**Prettig weekend.** [prɛtəx 'wīkɛnt]
Boa noite.	**Goede nacht.** [xudə naxt]

Está na hora.	**ik moet opstappen.** [ik mut 'ɔpstapən]
Preciso de ir embora.	**Ik moet weg.** [ik mut wɛx]
Volto já.	**ik ben zo terug.** [ik bɛn zɔ te'rʉx]

Já é tarde.	**Het is al laat.** [hɛt is al lāt]
Tenho de me levantar cedo.	**Ik moet vroeg op.** [ik mut vrux ɔp]
Vou-me embora amanhã.	**Ik vertrek morgen.** [ik vər'trɛk 'mɔrxən]
Vamos embora amanhã.	**Wij vertrekken morgen.** [wɛj vər'trɛkən 'mɔrxən]

Boa viagem!	**Prettige reis!** ['prɛtixə rɛjs!]
Tive muito prazer em conhecer-vos.	**Het was fijn u te leren kennen.** [hɛt was fɛjn ju tə 'lerən 'kɛnən]
Foi muito agradável falar consigo.	**Het was een prettig gesprek.** [hɛt was en 'prɛtəx xe'sprɛk]
Obrigado /Obrigada/ por tudo.	**Dank u wel voor alles.** [dank ju wɛl vōr 'aləs]

Passei um tempo muito agradável.

ik heb ervan genoten.
[ik hɛp ɛr'van xe'nɔtən]

Passámos um tempo muito agradável.

Wij hebben ervan genoten.
[wɛj 'hɛbən ɛr'van xə'nɔtən]

Foi mesmo fantástico.

Het was bijzonder leuk.
[hɛt was bi'zɔndər 'løk]

Vou ter saudades suas.

Ik ga je missen.
[ik xa je 'misən]

Vamos ter saudades suas.

Wij gaan je missen.
[wɛj xãn je 'misən]

Boa sorte!

Veel succes!
[vēl sʉk'sɛs!]

Dê cumprimentos a ...

De groeten aan ...
[də 'xrutən ãn ...]

Língua estrangeira

Eu não entendo.	**Ik versta het niet.** [ik vər'sta ət nit]
Escreva isso, por favor.	**Schrijf het neer alstublieft.** [sxrɛjf ət nēr alstu'blift]
O senhor /a senhora/ fala ...?	**Spreekt u ...?** [sprēkt ju ...?]
Eu falo um pouco de ...	**Ik spreek een beetje ...** [ik sprēk en 'bētjə ...]
Inglês	**Engels** ['ɛŋəls]
Turco	**Turks** [tʉrks]
Árabe	**Arabisch** [a'rabis]
Francês	**Frans** [frans]
Alemão	**Duits** [dœʏts]
Italiano	**Italiaans** [itali'āns]
Espanhol	**Spaans** [spāns]
Português	**Portugees** [pɔrtʉ'xēs]
Chinês	**Chinees** [ʃi'nēs]
Japonês	**Japans** [ja'pans]
Pode repetir isso, por favor.	**Kunt u dat herhalen alstublieft.** [kʉnt ju dat hɛr'halən alstu'blift]
Compreendo.	**Ik versta het.** [ik vər'sta ət]
Eu não entendo.	**Ik versta het niet.** [ik vər'sta ət nit]
Por favor fale mais devagar.	**Spreek wat langzamer alstublieft.** [sprēk wat 'laŋzamər alstu'blift]
Isso está certo?	**Is dat juist?** [is dat jœʏst?]
O que é isto? (O que significa?)	**Wat is dit?** [wat is dit?]

Desculpas

Desculpe-me, por favor.

Excuseer me alstublieft.
[ɛkskʉ'zēr mə alstʉ'blift]

Lamento.

Sorry.
['sɔri]

Tenho muita pena.

Het spijt me.
[hɛt spɛjt mə]

Desculpe, a culpa é minha.

Sorry, het is mijn schuld.
[sɔri, hɛt is mɛjn sxʉlt]

O erro foi meu.

Mijn schuld.
[mɛjn sxʉlt]

Posso ...?

Mag ik ...?
[max ik ...?]

O senhor /a senhora/ não
se importa se eu ...?

Is het goed dat ...?
[iz ət xut dat ...?]

Não faz mal.

Het is okay.
[hɛt is ɔ'kɛj]

Está tudo em ordem.

Maakt niet uit.
[mākt nit œyt]

Não se preocupe.

Maak je geen zorgen.
[māk je xēn 'zɔrxən]

Acordo

Sim.	**Ja.** [ja]
Sim, claro.	**Ja zeker.** [ja 'zekər]
Está bem!	**Goed!** [xut!]
Muito bem.	**Uitstekend.** [œʏt'stekənt]
Claro!	**Zeker weten!** ['zekər 'wetən!]
Concordo.	**Ik ga akkoord.** [ik xa a'kõrt]
Certo.	**Precies.** [prə'sis]
Correto.	**Juist.** [jœʏst]
Tem razão.	**Je hebt gelijk.** [je hɛpt xə'lɛjk]
Eu não me oponho.	**Ik doe het graag.** [ik du ət xrãx]
Absolutamente certo.	**Dat is juist.** [dat is jœʏst]
É possível.	**Dat is mogelijk.** [dat is 'mɔxələk]
É uma boa ideia.	**Dat is een goed idee.** [dat is en xut i'dē]
Não posso recusar.	**Ik kan niet nee zeggen.** [ik kan nit nē 'zɛxən]
Terei muito gosto.	**Met genoegen.** [mɛt xə'nuxən]
Com prazer.	**Graag.** [xrãx]

Recusa. Expressão de dúvida

Não.	**Nee.** [nē]
Claro que não.	**Beslist niet.** [bəs'list nit]
Não concordo.	**Daar ben ik het niet mee eens.** [dār bɛn ik ət nit mē ēns]
Não creio.	**Dat geloof ik niet.** [dat xe'lōf ik nit]
Isso não é verdade.	**Dat is niet waar.** [dat is nit wār]
O senhor /a senhora/ não tem razão.	**U maakt een fout.** [ju mākt en 'faut]
Acho que o senhor /a senhora/ não tem razão.	**Ik denk dat u een fout maakt.** [ik dɛnk dat ju en 'faut mākt]
Não tenho a certeza.	**Ik weet het niet zeker.** [ik wēt ət nit 'zekər]
É impossível.	**Het is onmogelijk.** [hɛt is ɔn'mɔxələk]
De modo algum!	**Beslist niet!** [bəs'list nit!]
Exatamente o contrário.	**Precies het tegenovergestelde!** [prə'sis hɛt 'texən·'ɔvərxəstɛldə!]
Sou contra.	**Ik ben er tegen.** [ik bɛn ɛr 'texən]
Não me importo.	**Ik geef er niet om.** [ik xēf ɛr nit ɔm]
Não faço ideia.	**Ik heb geen idee.** [ik hɛp xēn i'dē]
Não creio.	**Dat betwijfel ik.** [dat bet'wɛjfəl ik]
Desculpe, mas não posso.	**Sorry, ik kan niet.** [sɔri, ik kan nit]
Desculpe, mas não quero.	**Sorry, ik wil niet.** ['sɔri, ik wil nit]
Desculpe, não quero isso.	**Dank u, maar ik heb dit niet nodig.** [dank ju, mār ik hɛp dit nit 'nɔdəx]
Já é muito tarde.	**Het wordt laat.** [hɛt wort lāt]

Tenho de me levantar cedo.

Ik moet vroeg op.
[ik mut vrux ɔp]

Não me sinto bem.

Ik voel me niet lekker.
[ik vul mə nit 'lɛkər]

Expressão de gratidão

Obrigado /Obrigada/.	**Bedankt.** [bə'dankt]
Muito obrigado /obrigada/.	**Heel erg bedankt.** [hēl ɛrx bə'dankt]
Fico muito grato /grata/.	**Ik stel dit zeer op prijs.** [ik stel dit zēr ɔp prɛjs]
Estou-lhe muito reconhecido.	**Ik ben u erg dankbaar.** [ik bɛn ju ɛrx 'dankbār]
Estamos-lhe muito reconhecidos.	**Wij zijn u erg dankbaar.** [wɛj zɛjn ju ɛrx 'dankbār]
Obrigado /Obrigada/ pelo seu tempo.	**Bedankt voor uw tijd.** [bə'dankt vōr ɰw tɛjt]
Obrigado /Obrigada/ por tudo.	**Dank u wel voor alles.** [dank ju wɛl vōr 'aləs]
Obrigado /Obrigada/ ...	**Bedankt voor ...** [bə'dankt vōr ...]
... pela sua ajuda	**uw hulp** [ɰw hɰlp]
... por este tempo bem passado	**een leuke dag** [en 'løkə dax]
... pela comida deliciosa	**een heerlijke maaltijd** [en 'hērlɛkə 'māltɛjt]
... por esta noite agradável	**een prettige avond** [en 'prɛtixə 'avɔnt]
... pelo dia maravilhoso	**een prettige dag** [en 'prɛtixə dax]
... pela jornada fantástica	**een fantastische reis** [en fan'tastise rɛjs]
Não tem de quê.	**Graag gedaan.** [xrãx xə'dān]
Não precisa agradecer.	**Graag gedaan.** [xrãx xə'dān]
Disponha sempre.	**Graag gedaan.** [xrãx xə'dān]
Foi um prazer ajudar.	**Tot uw dienst.** [tɔt ɰw dinst]
Esqueça isso.	**Graag gedaan.** [xrãx xə'dān]
Não se preocupe.	**Maak je geen zorgen.** [māk je xēn 'zɔrxən]

Parabéns. Cumprimentos

Parabéns!	**Gefeliciteerd!** [xəfelisi'tērt!]
Feliz aniversário!	**Gefeliciteerd met je verjaardag!** [xəfelisi'tērt mɛt je və'rjārdax!]
Feliz Natal!	**Prettig Kerstfeest!** [prɛtəx 'kɛrstfēst!]
Feliz Ano Novo!	**Gelukkig Nieuwjaar!** [xə'lʉkəx 'niu'jār!]
Feliz Páscoa!	**Vrolijk Paasfeest!** [vrɔlək 'pāsfēst!]
Feliz Hanukkah!	**Gelukkig Chanoeka!** [xə'lʉkəx 'xanuka!]
Gostaria de fazer um brinde.	**Ik wil een heildronk uitbrengen.** [ik wil en 'hɛjldrɔnk 'œytbreŋən]
Saúde!	**Proost!** [prōst!]
Bebamos a …!	**Laten we drinken op …!** [latən we 'drinkən ɔp … !]
Ao nosso sucesso!	**Op ons succes!** [ɔp ɔns sʉk'sɛs!]
Ao vosso sucesso!	**Op uw succes!** [ɔp ʉw sʉk'sɛs!]
Boa sorte!	**Veel succes!** [vēl sʉk'sɛs!]
Tenha um bom dia!	**Een prettige dag!** [en 'prɛtixə dax!]
Tenha um bom feriado!	**Een prettige vakantie!** [en 'prɛtixə va'kantsi!]
Tenha uma viagem segura!	**Een veilige reis!** [en 'vɛjlixə rɛjs!]
Espero que melhore em breve!	**Ik hoop dat u gauw weer beter bent!** [ik hōp dat ju 'xau wēr 'betər bɛnt!]

Socializando

Porque é que está chateado /chateada/? **Waarom zie je er zo verdrietig uit?**
[wā'rɔm zi je ɛr zɔ vər'dritəx œɣt?]

Sorria! **Lach eens! Wees vrolijk!**
[lax ēns! wēs 'vrɔlək!]

Está livre esta noite? **Ben je vrij vanavond?**
[bɛn je vrɛj va'navɔnt?]

Posso oferecer-lhe algo para beber? **Mag ik je een drankje aanbieden?**
[max ik je en 'drankje 'ānbidən?]

Você quer dançar? **Zullen we eens dansen?**
[zʉlən we ēns 'dansən?]

Vamos ao cinema. **Laten we naar de bioscoop gaan.**
[latən we nār də biɔ'skōp xān]

Gostaria de a convidar para ir … **Mag ik je uitnodigen naar …?**
[max ik je 'œɣtnɔdixən nār …?]

ao restaurante **een restaurant**
[en rɛstɔ'ran]

ao cinema **de bioscoop**
[də biɔ'skōp]

ao teatro **het theater**
[hɛt te'ater]

passear **een wandeling**
[en 'wandəliŋ]

A que horas? **Hoe laat?**
[hu lāt?]

hoje à noite **vanavond**
[va'navɔnt]

às 6 horas **om zes uur**
[ɔm zɛs ūr]

às 7 horas **om zeven uur**
[ɔm 'zevən ūr]

às 8 horas **om acht uur**
[ɔm axt ūr]

às 9 horas **om negen uur**
[ɔm 'nexən ūr]

Gosta deste local? **Vind u het hier leuk?**
[vint ju ət hir 'løk?]

Está com alguém? **Bent u hier met iemand?**
[bɛnt ju hir mɛt i'mant?]

Estou com o meu amigo. **Ik ben met mijn vriend.**
[ik bɛn mɛt mɛjn vrint]

Estou com os meus amigos.	**Ik ben met mijn vrienden.** [ik bɛn mɛt mɛjn 'vrindən]
Não, estou sozinho /sozinha/.	**Nee, ik ben alleen.** [ik bɛn a'lēn]
Tens namorado?	**Heb jij een vriendje?** [hɛp jɛj en 'vrindje?]
Tenho namorado.	**Ik heb een vriendje.** [ik hɛp en 'vrindje]
Tens namorada?	**Heb jij een vriendin?** [hɛp jɛj en vrin'din?]
Tenho namorada.	**Ik heb een vriendin.** [ik hɛp en vrin'din]
Posso voltar a vêr-te?	**Kan ik je weer eens zien?** [kan ik je wēr ēns zin?]
Posso ligar-te?	**Mag ik je opbellen?** [max ik je ɔ'bɛlən?]
Liga-me.	**Bel me op.** [bɛl mə ɔp]
Qual é o teu número?	**Wat is je nummer?** [wat is je 'nʉmər?]
Tenho saudades tuas.	**Ik mis je.** [ik mis je]
Tem um nome muito bonito.	**U hebt een mooie naam.** [ju hɛpt en mōje nām]
Amo-te.	**Ik hou van jou.** [ik 'hau van 'jau]
Quer casar comigo?	**Wil je met me trouwen?** [wil je mɛt mə 'trauwən?]
Você está a brincar!	**Dat meen je niet!** [dat mēn je nit!]
Estou só a brincar.	**Grapje.** [xrapje]
Está a falar a sério?	**Meen je dat?** [mēn je dat?]
Estou a falar a sério.	**Ik meen het.** [ik mēn ət]
De verdade?!	**Heus waar?!** [høs wār?!]
Incrível!	**Dat is ongelooflijk!** [dat is ɔnxə'lōfløk!]
Não acredito.	**Ik geloof je niet.** [ik xə'lōf je nit]
Não posso.	**Ik kan niet.** [ik kan nit]
Não sei.	**Ik weet het niet.** [ik wēt ət nit]
Não entendo o que está a dizer.	**Ik versta u niet.** [ik vər'sta ju nit]

Saia, por favor.	**Ga alstublieft weg.** [xa alstʉ'blift wɛx]
Deixe-me em paz!	**Laat me gerust!** [lāt mə xə'rʉst!]

Eu não o suporto.	**Ik kan hem niet uitstaan.** [ik kan hɛm nit 'œʏtstān]
Você é detestável!	**U bent een smeerlap!** [ju bɛnt en 'smērlap!]
Vou chamar a polícia!	**Ik ga de politie bellen!** [ik xa də po'litsi 'bɛlən!]

Partilha de impressões. Emoções

Gosto disto.	**Dat vind ik fijn.** [dat vint ik fɛjn]
É muito simpático.	**Heel mooi.** [hēl mōj]
Fixe!	**Wat leuk!** [wat 'løk!]
Não é mau.	**Dat is niet slecht.** [dat is nit slɛxt]

Não gosto disto.	**Daar houd ik niet van.** [dār 'haut ik nit van]
Isso não está certo.	**Dat is niet goed.** [dat is nit xut]
Isso é mau.	**Het is slecht.** [hɛt is slɛxt]
Isso é muito mau.	**Het is heel slecht.** [hɛt is hēl slɛxt]
Isso é asqueroso.	**Het is smerig.** [hɛt is 'smerəx]

Estou feliz.	**Ik ben blij.** [ik bɛn blɛj]
Estou contente.	**Ik ben tevreden.** [ik bɛn təv'redən]
Estou apaixonado /apaixonada/.	**ik ben verliefd.** [ik bɛn vər'lift]
Estou calmo /calma/.	**Ik voel me rustig.** [ik vul mə 'rʉstəx]
Estou aborrecido /aborrecida/.	**Ik verveel me.** [ik vər'vēl mə]

Estou cansado /cansada/.	**Ik ben moe.** [ik bɛn mu]
Estou triste.	**Ik ben verdrietig.** [ik bɛn vər'dritəx]
Estou apavorado /apavorada/.	**Ik ben bang.** [ik bɛn baŋ]

Estou zangado /zangada/.	**Ik ben kwaad.** [ik bɛn kwāt]
Estou preocupado /preocupada/.	**Ik ben bezorgd.** [ik bɛn bə'zɔrxt]
Estou nervoso /nervosa/.	**Ik ben zenuwachtig.** [ik bɛn 'zenʉwaxtəx]

Estou ciumento /ciumenta/.   **Ik ben jaloers.**
[ik bɛn ja'lurs]

Estou surpreendido /surpreendida/.   **Het verwondert me.**
[hɛt vər'wɔndərt mə]

Estou perplexo /perplexa/.   **Ik sta paf.**
[ik sta paf]

Problemas. Acidentes

Tenho um problema.	**Ik heb een probleem.** [ik hɛp en prɔ'blēm]
Temos um problema.	**Wij hebben een probleem.** [wɛj 'hɛbən en prɔ'blēm]
Estou perdido.	**Ik ben de weg kwijt.** [ik bɛn də wɛx kwɛjt]
Perdi o último autocarro.	**Ik heb de laatste bus (trein) gemist.** [ik hɛp də 'lātstə bʉs (trɛjn) xə'mist]
Não me resta nenhum dinheiro.	**Ik heb geen geld meer.** [ik hɛp xēn xɛlt mēr]
Eu perdi ...	**Ik heb mijn ... verloren** [ik hɛp mɛjn ... vər'lɔrən]
Roubaram-me ...	**Iemand heeft mijn ... gestolen** [imant hēft mɛjn ... xəs'tɔlən]
o meu passaporte	**paspoort** [paspōrt]
a minha carteira	**portemonnee** [pɔrtəmɔ'nē]
os meus papéis	**papieren** [pa'pirən]
o meu bilhete	**kaartje** [kārtjə]
o dinheiro	**geld** [xɛlt]
a minha mala	**tas** [tas]
a minha camara	**camera** [kaməra]
o meu computador	**laptop** ['lɛptɔp]
o meu tablet	**tablet** [tab'lɛt]
o meu telemóvel	**mobieltje** [mɔ'biltjə]
Ajude-me!	**Help!** [hɛlp!]
O que é que aconteceu?	**Wat is er aan de hand?** [wat is ɛr ān də hant?]
fogo	**brand** [brant]

tiroteio	**er wordt geschoten** [ɛr wɔrt xəsˈxɔtən]
assassínio	**moord** [mõrt]
explosão	**ontploffing** [ɔntpˈlɔfiŋ]
briga	**gevecht** [xəˈvɛxt]

Chame a polícia!	**Bel de politie!** [bɛl də pɔˈlitsi!]
Mais depressa, por favor!	**Opschieten alstublieft!** [ɔpsxitən alstʉˈblift!]
Estou à procura de uma esquadra de polícia.	**Ik zoek het politiebureau.** [ik zuk ət pɔˈlitsi bʉˈrɔ]
Preciso de telefonar.	**Ik moet opbellen.** [ik mut ɔˈbɛlən]
Posso telefonar?	**Mag ik uw telefoon gebruiken?** [max ik ʉw teleˈfõn xeˈbrœʏkən?]

Fui …	**Ik ben …** [ik bɛn …]
assaltado /assaltada/	**overvallen** [ɔvərˈvalən]
roubado /roubada/	**bestolen** [bəsˈtɔlən]
violada	**verkracht** [vərkˈraxt]
atacado /atacada/	**aangevallen** [ãnxəvalən]

Está tudo bem consigo?	**Gaat het?** [xãt ət?]
Viu quem foi?	**Hebt u gezien wie het was?** [hɛpt ju xeˈzin wi ət was?]
Seria capaz de reconhecer a pessoa?	**Zou u de persoon kunnen herkennen?** [zau ju də pɛrˈsõn ˈkʉnən hɛrˈkɛnən?]
Tem a certeza?	**Bent u daar zeker van?** [bɛnt ju dãr ˈzekər van?]

Acalme-se, por favor.	**Rustig aan alstublieft.** [rʉstəx ãn alstʉˈblift]
Calma!	**Kalm aan!** [kalm ãn!]
Não se preocupe.	**Maak je geen zorgen!** [mãk je xẽn ˈzɔrxən!]
Vai ficar tudo bem.	**Alles komt in orde.** [aləs kɔmt in ˈɔrdə]
Está tudo em ordem.	**Alles is in orde.** [aləs iz in ˈɔrdə]
Chegue aqui, por favor.	**Kom hier alstublieft.** [kɔm hir alstʉˈblift]

Tenho algumas questões a colocar-lhe.

Ik heb een paar vragen voor u.
[ik hɛp en pār 'vraxən vōr ju]

Aguarde um momento, por favor.

Een ogenblikje alstublieft.
[en 'ɔxənblikje alstʉ'blift]

Tem alguma identificação?

Hebt u een ID-kaart?
[hɛpt ju en aj'di-kārt?]

Obrigado. Pode ir.

Dank u. U mag nu vertrekken.
[dank ju. ju max nʉ vər'trɛkən]

Mãos atrás da cabeça!

Handen achter uw hoofd!
[handən 'axtər ʉw hōft!]

Você está preso!

U bent onder arrest!
[ju bɛnt 'ɔndər a'rɛst!]

Problemas de saúde

Ajude-me, por favor.

Kunt u mij helpen alstublieft?
[kʉnt ju mɛj 'hɛlpən alstʉ'blift]

Não me sinto bem.

Ik voel me niet goed.
[ik vul mə nit xut]

O meu marido não se sente bem.

Mijn man voelt zich niet goed.
[mɛjn man vult zix nit xut]

O meu filho ...

Mijn zoon ...
[mɛjn zõn ...]

O meu pai ...

Mijn vader ...
[mɛjn 'vadər ...]

A minha mulher não se sente bem.

Mijn vrouw voelt zich niet goed.
[mɛjn 'vrau vult zix nit xut]

A minha filha ...

Mijn dochter ...
[mɛjn 'dɔxtər ...]

A minha mãe ...

Mijn moeder ...
[mɛjn 'mudər ...]

Tenho uma ...

Ik heb ...
[ik hɛp ...]

dor de cabeça

hoofdpijn
[hõftpɛjn]

dor de garganta

keelpijn
[kēlpɛjn]

dor de barriga

maagpijn
[mãxpɛjn]

dor de dentes

tandpijn
[tantpɛjn]

Estou com tonturas.

Ik voel me duizelig.
[ik vul mə 'dœyzələx]

Ele está com febre.

Hij heeft koorts.
[hɛj hēft kõrts]

Ela está com febre.

Zij heeft koorts.
[zɛj hēft kõrts]

Não consigo respirar.

Ik heb moeite met ademen.
[ik hɛp 'mujtə mɛt 'adəmən]

Estou a sufocar.

Ik ben kortademig.
[ik bɛn kɔ'rtadəməx]

Sou asmático /asmática/.

Ik ben astmatisch.
[ik bɛn astm'atis]

Sou diabético /diabética/.

Ik ben diabeet.
[ik bɛn 'diabēt]

Estou com insónia.	**Ik kan niet slapen.** [ik kan nit 'slapən]
intoxicação alimentar	**voedselvergiftiging** [vutsəl·vər'xiftəxiŋ]
Dói aqui.	**Het doet hier pijn.** [hɛt dut hir pɛjn]
Ajude-me!	**Help!** [hɛlp!]
Estou aqui!	**Ik ben hier!** [ik bɛn hir!]
Estamos aqui!	**Wij zijn hier!** [wɛj zɛjn hir!]
Tirem-me daqui!	**Kom mij halen!** [kɔm mɛj 'halən!]
Preciso de um médico.	**Ik heb een dokter nodig.** [ik hɛp ən 'dɔktər 'nodəx]
Não me consigo mexer.	**Ik kan me niet bewegen.** [ik kan mə nit bə'wexən]
Não consigo mover as pernas.	**Ik kan mijn benen niet bewegen.** [ik kan mɛjn 'benən nit bə'wexən]
Estou ferido.	**Ik heb een wond.** [ik hɛp ən wɔnt]
É grave?	**Is het erg?** [iz ət ɛrx?]
Tenho os documentos no bolso.	**Mijn documenten zijn in mijn zak.** [mɛjn dɔkʉ'mɛntən zɛjn in mɛjn zak]
Acalme-se!	**Rustig maar!** [rʉstəx mãr!]
Posso telefonar?	**Mag ik uw telefoon gebruiken?** [max ik ʉw telə'fõn xe'brœʏkən?]
Chame uma ambulância!	**Bel een ambulance!** [bɛl en ambʉ'lansə!]
É urgente!	**Het is dringend!** [hɛt is 'driŋənt!]
É uma emergência!	**Het is een noodgeval!** [hɛt is en 'nõtxəval!]
Mais depressa, por favor!	**Opschieten alstublieft!** [ɔpsxitən alstʉ'blift!]
Chame o médico, por favor.	**Kunt u alstublieft een dokter bellen?** [kʉnt ju alstʉ'blift en 'dɔktər 'bɛlən?]
Onde fica o hospital?	**Waar is het ziekenhuis?** [wãr iz ət 'zikənhœʏs?]
Como se sente?	**Hoe voelt u zich?** [hu vult ju zix?]
Está tudo bem consigo?	**Hoe gaat het?** [hu xãt ət?]
O que é que aconteceu?	**Wat is er gebeurd?** [wat is ɛr xə'børt?]

65

Já me sinto melhor.

Ik voel me nu wat beter.
[ik vul mə nʉ wat 'betər]

Está tudo em ordem.

Het is okay.
[hɛt is ɔ'kɛj]

Tubo bem.

Het gaat beter.
[hɛt xãt 'betər]

Na farmácia

farmácia	**apotheek** [apɔ'tēk]
farmácia de serviço	**dag en nacht apotheek** [dax en naxt apɔ'tēk]
Onde fica a farmácia mais próxima?	**Waar is de meest nabij gelegen apotheek?** [wār is də mēst na'bɛj xə'lexən apɔ'tēk?]

Está aberto agora?	**Is hij nu open?** [is hɛj nʉ 'ɔpən?]
A que horas abre?	**Hoe laat gaat hij open?** [hu lāt xāt hɛj 'ɔpən?]
A que horas fecha?	**Hoe laat sluit hij?** [hu lāt slœyt hɛj?]

Fica longe?	**Is het ver?** [iz ət vɛr?]
Posso ir até lá a pé?	**Kan ik er lopend naar toe?** [kan ik ɛr 'lɔpənt nār tu?]
Pode-me mostrar no mapa?	**Kunt u het op de plattegrond aanwijzen?** [kʉnt ju ət ɔp də platə'xrɔnt 'ānwɛjzən?]

Por favor dê-me algo para …	**Geef mij alstublieft iets voor …** [xēf mɛj alstʉ'blift its vōr …]
as dores de cabeça	**hoofdpijn** [hōftpɛjn]
a tosse	**hoest** [hust]
o resfriado	**verkoudheid** [vər'kauthɛjt]
a gripe	**de griep** [də xrip]

a febre	**koorts** [kōrts]
uma dor de estômago	**maagpijn** [māxpɛjn]
as náuseas	**misselijkheid** ['misələkhɛjt]
a diarreia	**diarree** [dia'rē]

a constipação	**constipatie** [kɔnsti'patsi]
as dores nas costas	**rugpijn** [rʉxpɛjn]
as dores no peito	**pijn in mijn borst** [pɛjn in mɛjn bɔrst]
a sutura	**steek in de zij** [stēk in də zɛj]
as dores abdominais	**pijn in mijn onderbuik** [pɛjn in mɛjn 'ɔndərbœʏk]

comprimido	**pil** [pil]
unguento, creme	**zalf, crème** [zalf, krɛ:m]
charope	**stroop** [strōp]
spray	**verstuiver** [vərstœʏvər]
dropes	**druppels** [drʉpəls]

Você precisa de ir ao hospital.	**U moet naar het ziekenhuis.** [ju mut nār ət 'zikənhœʏs]
seguro de saúde	**ziektekostenverzekering** [ziktəkɔstən·vər'zekəriŋ]
prescrição	**voorschrift** [vōrsxrift]
repelente de insetos	**anti-insecten middel** [anti-in'sɛktən 'midəl]
penso rápido	**pleister** ['plɛjstər]

O mínimo

Desculpe, ...   **Pardon, ...**
[par'dɔn, ...]

Olá!   **Hallo.**
[halɔ]

Obrigado /Obrigada/.   **Bedankt.**
[bə'dankt]

Adeus.   **Tot ziens.**
[tɔt zins]

Sim.   **Ja.**
[ja]

Não.   **Nee.**
[nē]

Não sei.   **Ik weet het niet.**
[ik wēt ət nit]

Onde? | Para onde? | Quando?   **Waar? | Waarheen? | Wanneer?**
[wār? | wār'hēn? | wa'nēr?]

Preciso de ...   **Ik heb ... nodig**
[ik hɛp ... 'nɔdəx]

Eu queria ...   **Ik wil ...**
[ik wil ...]

Tem ...?   **Hebt u ...?**
[hɛpt ju ...?]

Há aqui ...?   **Is hier een ...?**
[is hir en ...?]

Posso ...?   **Mag ik ...?**
[max ik ...?]

..., por favor   **... alstublieft**
[... alstʉ'blift]

Estou à procura de ...   **Ik zoek ...**
[ik zuk ...]

casa de banho   **toilet**
[twa'lɛt]

Multibanco   **geldautomaat**
[xɛlt·autɔ'māt]

farmácia   **apotheek**
[apɔ'tēk]

hospital   **ziekenhuis**
[zikənhœys]

esquadra de polícia   **politiebureau**
[pɔ'litsi bʉ'rɔ]

metro   **metro**
['metrɔ]

táxi	**taxi**
	[taksi]
estação de comboio	**station**
	[sta'tsjɔn]

Chamo-me ...	**Ik heet ...**
	[ik hēt ...]
Como se chama?	**Hoe heet u?**
	[hu hēt ju?]
Pode-me dar uma ajuda?	**Kunt u me helpen alstublieft?**
	[kʉnt ju mə 'hɛlpən alstʉ'blift?]
Tenho um problema.	**Ik heb een probleem.**
	[ik hɛp en prɔ'blēm]
Não me sinto bem.	**Ik voel me niet goed.**
	[ik vul mə nit xut]
Chame a ambulância!	**Bel een ambulance!**
	[bɛl en ambʉ'lansə!]
Posso fazer uma chamada?	**Mag ik opbellen?**
	[max ik ɔ'bɛlən?]

Desculpe.	**Sorry.**
	['sɔri]
De nada.	**Graag gedaan.**
	[xrãx xə'dãn]

eu	**Ik, mij**
	[ik, mɛj]
tu	**jij**
	[jɛj]
ele	**hij**
	[hɛj]
ela	**zij**
	[zɛj]
eles	**zij**
	[zɛj]
elas	**zij**
	[zɛj]
nós	**wij**
	[wɛj]
vocês	**jullie**
	['juli]
você	**u**
	[ju]

ENTRADA	**INGANG**
	[inxaŋ]
SAÍDA	**UITGANG**
	[œytxaŋ]
FORA DE SERVIÇO	**BUITEN GEBRUIK**
	[bœytən xə'brœʏk]
FECHADO	**GESLOTEN**
	[xə'slɔtən]

ABERTO	**OPEN** ['ɔpən]
PARA SENHORAS	**DAMES** [daməs]
PARA HOMENS	**HEREN** ['herən]

DICIONÁRIO CONCISO

Esta secção contém mais
de 1.500 palavras úteis,
organizadas por ordem
alfabética. O dicionário inclui
muitos termos gastronômicos
e será útil quando pedir
comida num restaurante ou
comprar alimentos numa loja

T&P Books Publishing

CONTEÚDO DO DICIONÁRIO

T&P Books Publishing

tempo (m)	**tijd (de)**	[tɛjt]
hora (f)	**uur (het)**	[ūr]
meia hora (f)	**halfuur (het)**	[half 'ūr]
minuto (m)	**minuut (de)**	[mi'nūt]
segundo (m)	**seconde (de)**	[se'kɔndə]
hoje	**vandaag**	[van'dāx]
amanhã	**morgen**	['mɔrxən]
ontem	**gisteren**	['xistərən]
segunda-feira (f)	**maandag (de)**	['māndax]
terça-feira (f)	**dinsdag (de)**	['dinsdax]
quarta-feira (f)	**woensdag (de)**	['wunsdax]
quinta-feira (f)	**donderdag (de)**	['dɔndərdax]
sexta-feira (f)	**vrijdag (de)**	['vrɛjdax]
sábado (m)	**zaterdag (de)**	['zatərdax]
domingo (m)	**zondag (de)**	['zɔndax]
dia (m)	**dag (de)**	[dax]
dia (m) de trabalho	**werkdag (de)**	['wɛrk·dax]
feriado (m)	**feestdag (de)**	['fēst·dax]
fim (m) de semana	**weekend (het)**	['wikənt]
semana (f)	**week (de)**	[wēk]
na semana passada	**vorige week**	['vɔrixə wēk]
na próxima semana	**volgende week**	['vɔlxəndə wēk]
nascer (m) do sol	**zonsopgang (de)**	[zɔns'ɔpxaŋ]
pôr do sol (m)	**zonsondergang (de)**	[zɔns'ɔndərxaŋ]
de manhã	**'s morgens**	[s 'mɔrxəns]
à tarde	**'s middags**	[s 'midax]
à noite (noitinha)	**'s avonds**	[s 'avɔnts]
hoje à noite	**vanavond**	[va'navɔnt]
à noite	**'s nachts**	[s naxts]
meia-noite (f)	**middernacht (de)**	['midər·naxt]
janeiro (m)	**januari (de)**	[janʉ'ari]
fevereiro (m)	**februari (de)**	[febrʉ'ari]
março (m)	**maart (de)**	[mārt]
abril (m)	**april (de)**	[ap'ril]
maio (m)	**mei (de)**	[mɛj]
junho (m)	**juni (de)**	['juni]

julho (m)	juli (de)	['juli]
agosto (m)	augustus (de)	[au'xʉstʉs]
setembro (m)	september (de)	[sɛp'tɛmbər]
outubro (m)	oktober (de)	[ɔk'tɔbər]
novembro (m)	november (de)	[nɔ'vɛmbər]
dezembro (m)	december (de)	[de'sɛmbər]

na primavera	in de lente	[in də 'lɛntə]
no verão	in de zomer	[in də 'zɔmər]
no outono	in de herfst	◄ [in də hɛrfst]
no inverno	in de winter	[in də 'wintər]

mês (m)	maand (de)	[mãnt]
estação (f)	seizoen (het)	[sɛj'zun]
ano (m)	jaar (het)	[jãr]
século (m)	eeuw (de)	[ēw]

2. Números. Numeração

algarismo, dígito (m)	cijfer (het)	['sɛjfər]
número (m)	nummer (het)	['nʉmər]
menos (m)	minteken (het)	['min·tekən]
mais (m)	plusteken (het)	['plʉs·tekən]
soma (f)	som (de), totaal (het)	[sɔm], [tɔ'tãl]

primeiro	eerste	['ērstə]
segundo	tweede	['twēdə]
terceiro	derde	['dɛrdə]

zero	nul	[nʉl]
um	een	[en]
dois	twee	[twē]
três	drie	[dri]
quatro	vier	[vir]

cinco	vijf	[vɛjf]
seis	zes	[zɛs]
sete	zeven	['zevən]
oito	acht	[axt]
nove	negen	['nexən]
dez	tien	[tin]

onze	elf	[ɛlf]
doze	twaalf	[twãlf]
treze	dertien	['dɛrtin]
catorze	veertien	['vērtin]
quinze	vijftien	['vɛjftin]

| dezasseis | zestien | ['zɛstin] |
| dezassete | zeventien | ['zevəntin] |

| dezoito | achttien | ['axtin] |
| dezanove | negentien | ['nexəntin] |

vinte	twintig	['twintəx]
trinta	dertig	['dɛrtəx]
quarenta	veertig	['vɛ̄rtəx]
cinquenta	vijftig	['vɛjftəx]

sessenta	zestig	['zɛstəx]
setenta	zeventig	['zevəntəx]
oitenta	tachtig	['tahtəx]
noventa	negentig	['nexəntəx]

cem	honderd	['hɔndərt]
duzentos	tweehonderd	[twɛ̄·'hɔndərt]
trezentos	driehonderd	[dri·'hɔndərt]
quatrocentos	vierhonderd	[vir·'hɔndərt]
quinhentos	vijfhonderd	[vɛjf·'hɔndərt]

seiscentos	zeshonderd	[zɛs·'hɔndərt]
setecentos	zevenhonderd	['zevən·'hɔndərt]
oitocentos	achthonderd	[axt·'hɔndərt]
novecentos	negenhonderd	['nexən·'hɔndərt]
mil	duizend	['dœyzənt]

| dez mil | tienduizend | [tin·'dœyzənt] |
| cem mil | honderdduizend | ['hɔndərt·'dœyzənt] |

| um milhão | miljoen (het) | [mi'ljun] |
| mil milhões | miljard (het) | [mi'ljart] |

3. Humanos. Família

homem (m)	man (de)	[man]
jovem (m)	jongen (de)	['jɔŋən]
adolescente (m)	tiener, adolescent (de)	['tinər], [adɔlɛ'sɛnt]
mulher (f)	vrouw (de)	['vrau]
rapariga (f)	meisje (het)	['mɛjɕə]

idade (f)	leeftijd (de)	['lɛ̄ftɛjt]
adulto	volwassen	[vɔl'wasən]
de meia-idade	van middelbare leeftijd	[van 'midəlbarə 'lɛ̄ftɛjt]
de certa idade	bejaard	[bɛ'jārt]
idoso	oud	['aut]

velhote (m)	oude man (de)	['audə man]
velhota (f)	oude vrouw (de)	['audə 'vrau]
reforma (f)	pensioen (het)	[pɛn'ʃun]
reformar-se (vp)	met pensioen gaan	[mɛt pɛn'ʃun xān]
reformado (m)	gepensioneerde (de)	[xəpɛnʃə'nɛ̄rdə]

mãe (f)	moeder (de)	['mudər]
pai (m)	vader (de)	['vadər]
filho (m)	zoon (de)	[zõn]
filha (f)	dochter (de)	['dɔxtər]
irmão (m)	broer (de)	[brur]
irmão mais velho	oudere broer (de)	['audərə brur]
irmão mais novo	jongere broer (de)	['joŋərə brur]
irmã (f)	zuster (de)	['zʉstər]
irmã mais velha	oudere zuster (de)	['audərə 'zʉstər]
irmã mais nova	jongere zuster (de)	['joŋərə 'zʉstər]
pais (pl)	ouders	['audərs]
criança (f)	kind (het)	[kint]
crianças (f pl)	kinderen	['kindərən]
madrasta (f)	stiefmoeder (de)	['stif·mudər]
padrasto (m)	stiefvader (de)	['stif·vadər]
avó (f)	oma (de)	['ɔma]
avô (m)	opa (de)	['ɔpa]
neto (m)	kleinzoon (de)	[klɛjn·zõn]
neta (f)	kleindochter (de)	[klɛjn·'dɔxtər]
netos (pl)	kleinkinderen	[klɛjn·'kindərən]
tio (m)	oom (de)	[õm]
tia (f)	tante (de)	['tantə]
sobrinho (m)	neef (de)	[nẽf]
sobrinha (f)	nicht (de)	[nixt]
mulher (f)	vrouw (de)	['vrau]
marido (m)	man (de)	[man]
casado	gehuwd	[xə'hʉwt]
casada	gehuwd	[xə'hʉwt]
viúva (f)	weduwe (de)	['wedʉwə]
viúvo (m)	weduwnaar (de)	['wedʉwnãr]
nome (m)	naam (de)	[nãm]
apelido (m)	achternaam (de)	['axtər·nãm]
parente (m)	familielid (het)	[fa'mililit]
amigo (m)	vriend (de)	[vrint]
amizade (f)	vriendschap (de)	['vrintsxap]
parceiro (m)	partner (de)	['partnər]
superior (m)	baas (de)	[bãs]
colega (m)	collega (de)	[kɔ'lexa]
vizinhos (pl)	buren	['bʉrən]

4. Corpo humano

organismo (m)	organisme (het)	[ɔrxa'nismə]
corpo (m)	lichaam (het)	['lixãm]

coração (m)	hart (het)	[hart]
sangue (m)	bloed (het)	[blut]
cérebro (m)	hersenen	['hɛrsənən]
nervo (m)	zenuw (de)	['zenʉw]
osso (m)	been (het)	[bēn]
esqueleto (m)	skelet (het)	[ske'lɛt]
coluna (f) vertebral	ruggengraat (de)	['rʉxə·xrāt]
costela (f)	rib (de)	[rib]
crânio (m)	schedel (de)	['sxedəl]
músculo (m)	spier (de)	[spir]
pulmões (m pl)	longen	['lɔŋən]
pele (f)	huid (de)	['hœʏt]
cabeça (f)	hoofd (het)	[hōft]
cara (f)	gezicht (het)	[xə'ziht]
nariz (m)	neus (de)	['nøs]
testa (f)	voorhoofd (het)	['vōrhōft]
bochecha (f)	wang (de)	[waŋ]
boca (f)	mond (de)	[mɔnt]
língua (f)	tong (de)	[tɔŋ]
dente (m)	tand (de)	[tant]
lábios (m pl)	lippen	['lipən]
queixo (m)	kin (de)	[kin]
orelha (f)	oor (het)	[ōr]
pescoço (m)	hals (de)	[hals]
garganta (f)	keel (de)	[kēl]
olho (m)	oog (het)	[ōx]
pupila (f)	pupil (de)	[pʉ'pil]
sobrancelha (f)	wenkbrauw (de)	['wɛnk·brau]
pestana (f)	wimper (de)	['wimpər]
cabelos (m pl)	haren	['harən]
penteado (m)	kapsel (het)	['kapsəl]
bigode (m)	snor (de)	[snɔr]
barba (f)	baard (de)	[bārt]
usar, ter (~ barba, etc.)	dragen	['draxən]
calvo	kaal	[kāl]
mão (f)	hand (de)	[hant]
braço (m)	arm (de)	[arm]
dedo (m)	vinger (de)	['viŋər]
unha (f)	nagel (de)	['naxəl]
palma (f) da mão	handpalm (de)	['hantpalm]
ombro (m)	schouder (de)	['sxaudər]
perna (f)	been (het)	[bēn]
pé (m)	voet (de)	[vut]

joelho (m)	knie (de)	[kni]
talão (m)	hiel (de)	[hil]
costas (f pl)	rug (de)	[rʉx]
cintura (f)	taille (de)	['tajə]
sinal (m)	huidvlek (de)	['hœyt·vlɛk]
sinal (m) de nascença	moedervlek (de)	['mudər·vlɛk]

5. Medicina. Doenças. Drogas

saúde (f)	gezondheid (de)	[xə'zɔnthɛjt]
são	gezond	[xə'zɔnt]
doença (f)	ziekte (de)	['ziktə]
estar doente	ziek zijn	[zik zɛjn]
doente	ziek	[zik]
constipação (f)	verkoudheid (de)	[vər'kauthɛjt]
constipar-se (vp)	verkouden raken	[vər'kaudən 'rakən]
amigdalite (f)	angina (de)	[an'xina]
pneumonia (f)	longontsteking (de)	['lɔŋ·ɔntstekiŋ]
gripe (f)	griep (de)	[xrip]
nariz (m) a escorrer	snotneus (de)	[snɔt'nøs]
tosse (f)	hoest (de)	[hust]
tossir (vi)	hoesten	['hustən]
espirrar (vi)	niezen	['nizən]
AVC (m), apoplexia (f)	beroerte (de)	[bə'rurtə]
ataque (m) cardíaco	hartinfarct (het)	['hart·in'farkt]
alergia (f)	allergie (de)	[alɛr'xi]
asma (f)	astma (de/het)	['astma]
diabetes (f)	diabetes (de)	[dia'betəs]
tumor (m)	tumor (de)	['tʉmɔr]
cancro (m)	kanker (de)	['kankər]
alcoolismo (m)	alcoholisme (het)	[alkɔhɔ'lismə]
SIDA (f)	AIDS (de)	[ets]
febre (f)	koorts (de)	[kõrts]
enjoo (m)	zeeziekte (de)	[zē·'ziktə]
nódoa (f) negra	blauwe plek (de)	['blauə plɛk]
galo (m)	buil (de)	['bœyl]
coxear (vi)	hinken	['hinkən]
deslocação (f)	verstuiking (de)	[vər'stœykiŋ]
deslocar (vt)	verstuiken	[vər'stœykən]
fratura (f)	breuk (de)	['brøk]
queimadura (f)	brandwond (de)	['brant·wɔnt]
lesão (m)	blessure (de)	[blɛ'sʉrə]
dor (f)	pijn (de)	[pɛjn]

dor (f) de dentes	tandpijn (de)	['tand·pɛjn]
suar (vi)	zweten	['zwetən]
surdo	doof	[dõf]
mudo	stom	[stɔm]

imunidade (f)	immuniteit (de)	[imʉni'tɛjt]
vírus (m)	virus (het)	['virʉs]
micróbio (m)	microbe (de)	[mik'rɔbə]
bactéria (f)	bacterie (de)	[bak'teri]
infeção (f)	infectie (de)	[in'fɛksi]

hospital (m)	ziekenhuis (het)	['zikən·hœʏs]
cura (f)	genezing (de)	[xə'neziŋ]
vacinar (vt)	inenten	['inɛntən]
estar em coma	in coma liggen	[in 'kɔma 'lixən]
reanimação (f)	intensieve zorg, ICU (de)	[intən'sivə zɔrx], [isɛ'ju]
sintoma (m)	symptoom (het)	[simp'tõm]
pulso (m)	polsslag (de)	['pɔls·slax]

6. Sentimentos. Emoções. Conversação

eu	ik	[ik]
tu	jij, je	[jɛj], [jə]
ele	hij	[hɛj]
ela	zij, ze	[zɛj], [zə]
ele, ela	het	[ət]

nós	wij, we	[wɛj], [wə]
vocês	jullie	['juli]
eles, -as	zij, ze	[zɛj], [zə]

Olá!	Hallo! Dag!	[ha'lɔ dax]
Bom dia! (formal)	Hallo!	[ha'lɔ]
Bom dia! (de manhã)	Goedemorgen!	['xudə·'mɔrxən]
Boa tarde!	Goedemiddag!	['xudə·'midax]
Boa noite!	Goedenavond!	['xudən·'avɔnt]

cumprimentar (vt)	gedag zeggen	[xe'dax 'zexən]
saudar (vt)	verwelkomen	[vər'wɛlkɔmən]
Como vai?	Hoe gaat het?	[hu xãt ət]
Adeus! (formal)	Tot ziens!	[tɔt 'tsins]
Até à vista! (informal)	Doei!	['dui]
Obrigado! -a!	Dank u!	[dank ju]

sentimentos (m pl)	gevoelens	[xə'vuləns]
ter fome	honger hebben	['hɔŋər 'hɛbən]
ter sede	dorst hebben	[dɔrst 'hɛbən]
cansado	moe	[mu]
preocupar-se (vp)	bezorgd zijn	[bə'zɔrxt zɛjn]
estar nervoso	zenuwachtig zijn	['zenʉw·ahtəx zɛjn]

esperança (f)	hoop (de)	[hōp]
esperar (vt)	hopen	['hɔpən]
caráter (m)	karakter (het)	[ka'raktər]
modesto	bescheiden	[bə'sxɛjdən]
preguiçoso	lui	['lœʏ]
generoso	gul	[xjul]
talentoso	talentrijk	[ta'lɛntrɛjk]
honesto	eerlijk	['ērlək]
sério	ernstig	['ɛrnstəx]
tímido	schuchter	['sxʉxtər]
sincero	oprecht	[ɔp'rɛxt]
cobarde (m)	lafaard (de)	['lafārt]
dormir (vi)	slapen	['slapən]
sonho (m)	droom (de)	[drōm]
cama (f)	bed (het)	[bɛt]
almofada (f)	kussen (het)	['kʉsən]
insónia (f)	slapeloosheid (de)	['slapəlōshɛjt]
ir para a cama	gaan slapen	[xān 'slapən]
pesadelo (m)	nachtmerrie (de)	['naxtmɛri]
despertador (m)	wekker (de)	['wɛkər]
sorriso (m)	glimlach (de)	['xlimlah]
sorrir (vi)	glimlachen	['xlimlahən]
rir (vi)	lachen	['laxən]
discussão (f)	ruzie (de)	['rʉzi]
insulto (m)	belediging (de)	[bə'ledəxiŋ]
ofensa (f)	krenking (de)	['krenkiŋ]
zangado	boos	[bōs]

7. Vestuário. Acessórios pessoais

roupa (f)	kleren (mv.)	['klerən]
sobretudo (m)	jas (de)	[jas]
casaco (m) de peles	bontjas (de)	[bont jas]
casaco, blusão (m)	jasje (het)	['jaɕə]
impermeável (m)	regenjas (de)	['rexən jas]
camisa (f)	overhemd (het)	['ɔvərhɛmt]
calças (f pl)	broek (de)	[bruk]
casaco (m) de fato	colbert (de)	['kɔlbər]
fato (m)	kostuum (het)	[kɔs'tūm]
vestido (ex. ~ vermelho)	jurk (de)	[jurk]
saia (f)	rok (de)	[rɔk]
T-shirt, camiseta (f)	T-shirt (het)	['tiʃøt]

roupão (m) de banho	badjas (de)	['batjas]
pijama (m)	pyjama (de)	[pi'jama]
roupa (f) de trabalho	werkkleding (de)	['wɛrk·'klediŋ]
roupa (f) interior	ondergoed (het)	['ɔndərxut]
peúgas (f pl)	sokken	['sɔkən]
sutiã (m)	beha (de)	[be'ha]
meias-calças (f pl)	panty (de)	['pɛnti]
meias (f pl)	nylonkousen	['nɛjlɔn·'kausən]
fato (m) de banho	badpak (het)	['bad·pak]
chapéu (m)	hoed (de)	[hut]
calçado (m)	schoeisel (het)	['sxuisəl]
botas (f pl)	laarzen	['lãrzən]
salto (m)	hiel (de)	[hil]
atacador (m)	veter (de)	['vetər]
graxa (f) para calçado	schoensmeer (de/het)	['sxun·smẽr]
algodão (m)	katoen (de/het)	[ka'tun]
lã (f)	wol (de)	[wɔl]
pele (f)	bont (het)	[bont]
luvas (f pl)	handschoenen	['xand 'sxunən]
mitenes (f pl)	wanten	['wantən]
cachecol (m)	sjaal (de)	[çãl]
óculos (m pl)	bril (de)	[bril]
guarda-chuva (m)	paraplu (de)	[parap'lʉ]
gravata (f)	das (de)	[das]
lenço (m)	zakdoek (de)	['zagduk]
pente (m)	kam (de)	[kam]
escova (f) para o cabelo	haarborstel (de)	[hãr·'bɔrstəl]
fivela (f)	gesp (de)	[xɛsp]
cinto (m)	broekriem (de)	['bruk·rim]
bolsa (f) de senhora	damestas (de)	['daməs·tas]
colarinho (m), gola (f)	kraag (de)	[krãx]
bolso (m)	zak (de)	[zak]
manga (f)	mouw (de)	['mau]
braguilha (f)	gulp (de)	[xjulp]
fecho (m) de correr	rits (de)	[rits]
botão (m)	knoop (de)	[knõp]
sujar-se (vp)	vies worden	[vis 'wɔrdən]
mancha (f)	vlek (de)	[vlɛk]

8. Cidade. Instituições urbanas

loja (f)	winkel (de)	['winkəl]
centro (m) comercial	winkelcentrum (het)	['winkəl·'sɛntrʉm]

supermercado (m)	supermarkt (de)	['sʉpərmarkt]
sapataria (f)	schoenwinkel (de)	['sxun·'winkəl]
livraria (f)	boekhandel (de)	['bukən·'handəl]

farmácia (f)	apotheek (de)	[apɔ'tēk]
padaria (f)	bakkerij (de)	['bakərɛj]
pastelaria (f)	banketbakkerij (de)	[ban'ket·bakə'rɛj]
mercearia (f)	kruidenier (de)	[krœʏdə'nir]
talho (m)	slagerij (de)	[slaxə'rɛj]
loja (f) de legumes	groentewinkel (de)	['xrʉntə·'winkəl]
mercado (m)	markt (de)	[markt]

salão (m) de cabeleireiro	kapperssalon (de/het)	['kapərs·sa'lɔn]
correios (m pl)	postkantoor (het)	[pɔst·kan'tōr]
lavandaria (f)	stomerij (de)	[stɔmə'rɛj]
circo (m)	circus (de/het)	['sirkʉs]
jardim (m) zoológico	dierentuin (de)	['dīrən·tœyn]

teatro (m)	theater (het)	[te'atər]
cinema (m)	bioscoop (de)	[biɔ'skōp]
museu (m)	museum (het)	[mʉ'zejum]
biblioteca (f)	bibliotheek (de)	[bibliɔ'tēk]

mesquita (f)	moskee (de)	[mɔs'kē]
sinagoga (f)	synagoge (de)	[sina'xɔxə]
catedral (f)	kathedraal (de)	[kate'drāl]
templo (m)	tempel (de)	['tɛmpəl]
igreja (f)	kerk (de)	[kɛrk]

instituto (m)	instituut (het)	[insti'tūt]
universidade (f)	universiteit (de)	[junivɛrsi'tɛjt]
escola (f)	school (de)	[sxōl]

hotel (m)	hotel (het)	[hɔ'tɛl]
banco (m)	bank (de)	[bank]
embaixada (f)	ambassade (de)	[amba'sadə]
agência (f) de viagens	reisbureau (het)	[rɛjs·bʉ'rɔ]

metro (m)	metro (de)	['metrɔ]
hospital (m)	ziekenhuis (het)	['zikən·hœʏs]
posto (m) de gasolina	benzinestation (het)	[bɛn'zinə·sta'tsjɔn]
parque (m) de estacionamento	parking (de)	['parkiŋ]

ENTRADA	INGANG	['inxaŋ]
SAÍDA	UITGANG	['œʏtxaŋ]
EMPURRE	DUWEN	['dʉwən]
PUXE	TREKKEN	['trɛkən]
ABERTO	OPEN	['ɔpən]
FECHADO	GESLOTEN	[xə'slɔtən]
monumento (m)	monument (het)	[mɔnʉ'mɛnt]
fortaleza (f)	vesting (de)	['vɛstiŋ]

palácio (m)	paleis (het)	[pa'lɛjs]
medieval	middeleeuws	['midəlēws]
antigo	oud	['aut]
nacional	nationaal	[natsjo'nāl]
conhecido	bekend	[bə'kɛnt]

9. Dinheiro. Finanças

dinheiro (m)	geld (het)	[xɛlt]
moeda (f)	muntstuk (de)	['muntstʉk]
dólar (m)	dollar (de)	['dɔlar]
euro (m)	euro (de)	[ørɔ]

Caixa Multibanco (m)	geldautomaat (de)	[xɛlt·auto'māt]
casa (f) de câmbio	wisselkantoor (het)	['wisəl·kan'tōr]
taxa (f) de câmbio	koers (de)	[kurs]
dinheiro (m) vivo	baar geld (het)	[bār 'xɛlt]

Quanto?	Hoeveel?	[hu'vēl]
pagar (vt)	betalen	[bə'talən]
pagamento (m)	betaling (de)	[bə'taliŋ]
troco (m)	wisselgeld (het)	['wisəl·xɛlt]

preço (m)	prijs (de)	[prɛjs]
desconto (m)	korting (de)	['kɔrtiŋ]
barato	goedkoop	[xut'kōp]
caro	duur	[dūr]

banco (m)	bank (de)	[bank]
conta (f)	bankrekening (de)	[bank·'rekəniŋ]
cartão (m) de crédito	kredietkaart (de)	[kre'dit·kārt]
cheque (m)	cheque (de)	[ʃɛk]
passar um cheque	een cheque uitschrijven	[en ʃɛk œyt'sxrɛjvən]
livro (m) de cheques	chequeboekje (het)	[ʃɛk·'bukjə]

dívida (f)	schuld (de)	[sxʉlt]
devedor (m)	schuldenaar (de)	['sxʉldənār]
emprestar (vt)	uitlenen	['œytlənən]
pedir emprestado	lenen	['lenən]

alugar (vestidos, etc.)	huren	['hʉren]
a crédito	op krediet	[ɔp kre'dit]
carteira (f)	portefeuille (de)	[portə'fœyə]
cofre (m)	safe (de)	[sef]
herança (f)	erfenis (de)	['ɛrfənis]
fortuna (riqueza)	fortuin (het)	[for'tœyn]

imposto (m)	belasting (de)	[bə'lastiŋ]
multa (f)	boete (de)	['butə]
multar (vt)	beboeten	[bə'butən]

grossista	groothandels-	[xrõt·'handəls]
a retalho	kleinhandels-	[klɛjn·'handəls]
fazer um seguro	verzekeren	[vər'zekərən]
seguro (m)	verzekering (de)	[vər'zekəriŋ]

capital (m)	kapitaal (het)	[kapi'tāl]
volume (m) de negócios	omzet (de)	['ɔmzɛt]
ação (f)	aandeel (het)	['āndēl]
lucro (m)	winst (de)	[winst]
lucrativo	winstgevend	[winst'xevənt]

crise (f)	crisis (de)	['krisis]
bancarrota (f)	bankroet (het)	[bank'rut]
entrar em falência	bankroet gaan	[bank'rut xān]

contabilista (m)	boekhouder (de)	[buk 'haudər]
salário, ordenado (m)	salaris (het)	[sa'laris]
prémio (m)	premie (de)	['premi]

10. Transportes

autocarro (m)	bus, autobus (de)	[bʉs], ['autɔbʉs]
elétrico (m)	tram (de)	[trɛm]
troleicarro (m)	trolleybus (de)	['trɔlibʉs]

ir de … (carro, etc.)	rijden met …	['rɛjdən mɛt]
entrar (~ no autocarro)	stappen	['stapən]
descer de …	afstappen	['afstapən]

paragem (f)	halte (de)	['haltə]
ponto (m) final	eindpunt (het)	['ɛjnt·pʉnt]
horário (m)	dienstregeling (de)	[dinst·'rexəliŋ]
bilhete (m)	kaartje (het)	['kārtʃə]
atrasar-se (vp)	te laat zijn	[tə 'lāt zɛjn]

táxi (m)	taxi (de)	['taksi]
de táxi (ir ~)	met de taxi	[mɛt də 'taksi]
praça (f) de táxis	taxistandplaats (de)	['taksi·'stant·plāts]

tráfego (m)	verkeer (het)	[vər'kēr]
horas (f pl) de ponta	spitsuur (het)	['spits·ūr]
estacionar (vi)	parkeren	[par'kerən]

metro (m)	metro (de)	['metrɔ]
estação (f)	halte (de)	['haltə]
comboio (m)	trein (de)	[trɛjn]
estação (f)	station (het)	[sta'tsjɔn]
trilhos (m pl)	rails	['rɛjls]
compartimento (m)	coupé (de)	[ku'pɛ]
cama (f)	bed (het)	[bɛt]

avião (m)	vliegtuig (het)	['vlixtœʏx]
bilhete (m) de avião	vliegticket (het)	['vlix·'tikət]
companhia (f) aérea	luchtvaart-maatschappij (de)	['lʉxtvārt mātsxa'pɛj]
aeroporto (m)	luchthaven (de)	['lʉxthavən]
voo (m)	vlucht (de)	[vlʉxt]
bagagem (f)	bagage (de)	[ba'xaʒə]
carrinho (m)	bagagekarretje (het)	[ba'xaʒə·'karɛtʃə]
navio (m)	schip (het)	[sxip]
transatlântico (m)	lijnschip (het)	['lɛjn·sxip]
iate (m)	jacht (het)	[jaxt]
bote, barco (m)	boot (de)	[bõt]
capitão (m)	kapitein (de)	[kapi'tɛjn]
camarote (m)	kajuit (de)	[kajœʏt]
porto (m)	haven (de)	['havən]
bicicleta (f)	fiets (de)	[fits]
scotter, lambreta (f)	bromfiets (de)	['brɔmfits]
mota (f)	motorfiets (de)	['mɔtɔrfits]
pedal (m)	pedaal (de/het)	[pe'dāl]
bomba (f) de ar	pomp (de)	[pɔmp]
roda (f)	wiel (het)	[wil]
carro, automóvel (m)	auto (de)	['autɔ]
ambulância (f)	ambulance (de)	[ambʉ'lansə]
camião (m)	vrachtwagen (de)	['vraht·'waxən]
usado	tweedehands	[twēdə'hants]
acidente (m) de carro	auto-ongeval (het)	['autɔ-'ɔŋɛval]
reparação (f)	reparatie (de)	[repa'ratsi]

11. Comida. Parte 1

carne (f)	vlees (het)	[vlēs]
galinha (f)	kip (de)	[kip]
pato (m)	eend (de)	[ēnt]
carne (f) de porco	varkensvlees (het)	['varkəns·vlēs]
carne (f) de vitela	kalfsvlees (het)	['kalfs·vlēs]
carne (f) de carneiro	schapenvlees (het)	['sxapən·vlēs]
carne (f) de vaca	rundvlees (het)	['rʉnt·vlēs]
chouriço (m)	worst (de)	[wɔrst]
ovo (m)	ei (het)	[ɛj]
peixe (m)	vis (de)	[vis]
queijo (m)	kaas (de)	[kās]
açúcar (m)	suiker (de)	[sœʏkər]
sal (m)	zout (het)	['zaut]

arroz (m)	rijst (de)	[rɛjst]
massas (f pl)	pasta (de)	['pasta]
manteiga (f)	boter (de)	['botər]
óleo (m)	plantaardige olie (de)	[plant'ārdixə 'ɔli]
pão (m)	brood (het)	[brōt]
chocolate (m)	chocolade (de)	[ʃokɔ'ladə]
vinho (m)	wijn (de)	[wɛjn]
café (m)	koffie (de)	['kɔfi]
leite (m)	melk (de)	[mɛlk]
sumo (m)	sap (het)	[sap]
cerveja (f)	bier (het)	[bir]
chá (m)	thee (de)	[tē]
tomate (m)	tomaat (de)	[tɔ'māt]
pepino (m)	augurk (de)	[au'xʉrk]
cenoura (f)	wortel (de)	['wɔrtəl]
batata (f)	aardappel (de)	['ārd·apəl]
cebola (f)	ui (de)	['œy]
alho (m)	knoflook (de)	['knõflɔk]
couve (f)	kool (de)	[kōl]
beterraba (f)	rode biet (de)	['rɔdə bit]
beringela (f)	aubergine (de)	[ɔbɛr'ʒinə]
funcho, endro (m)	dille (de)	['dilə]
alface (f)	sla (de)	[sla]
milho (m)	maïs (de)	[majs]
fruta (f)	vrucht (de)	[vrʉxt]
maçã (f)	appel (de)	['apəl]
pera (f)	peer (de)	[pēr]
limão (m)	citroen (de)	[si'trun]
laranja (f)	sinaasappel (de)	['sināsapəl]
morango (m)	aardbei (de)	['ārd·bɛj]
ameixa (f)	pruim (de)	['prœym]
framboesa (f)	framboos (de)	[fram'bōs]
ananás (m)	ananas (de)	['ananas]
banana (f)	banaan (de)	[ba'nān]
melancia (f)	watermeloen (de)	['watərmɛ'lun]
uva (f)	druif (de)	[drœyf]
meloa (f)	meloen (de)	[mə'lun]

12. Comida. Parte 2

cozinha (~ portuguesa)	keuken (de)	['køkən]
receita (f)	recept (het)	[re'sɛpt]
comida (f)	eten (het)	['etən]
tomar o pequeno-almoço	ontbijten	[ɔn'bɛjtən]
almoçar (vi)	lunchen	['lʉnʃən]

jantar (vi)	souperen	[su'perən]
sabor, gosto (m)	smaak (de)	[smāk]
gostoso	lekker	['lɛkər]
frio	koud	['kaut]
quente	heet	[hēt]
doce (açucarado)	zoet	[zut]
salgado	gezouten	[xə'zautən]
sandes (f)	boterham (de)	['botərham]
conduto (m)	garnering (de)	[xar'neriŋ]
recheio (m)	vulling (de)	['vʉliŋ]
molho (m)	saus (de)	['saus]
pedaço (~ de bolo)	stuk (het)	[stʉk]
dieta (f)	dieet (het)	[di'ēt]
vitamina (f)	vitamine (de)	[vita'minə]
caloria (f)	calorie (de)	[kalo'ri]
vegetariano (m)	vegetariër (de)	[vəxɛ'tarier]
restaurante (m)	restaurant (het)	[rɛsto'rant]
café (m)	koffiehuis (het)	['kofi·hœʏs]
apetite (m)	eetlust (de)	['ētlʉst]
Bom apetite!	Eet smakelijk!	[ēt 'smakələk]
empregado (m) de mesa	kelner, ober (de)	['kɛlnər], ['obər]
empregada (f) de mesa	serveerster (de)	[sɛr'vērstər]
barman (m)	barman (de)	['barman]
ementa (f)	menu (het)	[me'nʉ]
colher (f)	lepel (de)	['lepəl]
faca (f)	mes (het)	[mɛs]
garfo (m)	vork (de)	[vork]
chávena (f)	kopje (het)	['kopjə]
prato (m)	bord (het)	[bort]
pires (m)	schoteltje (het)	['sxoteltʃə]
guardanapo (m)	servet (het)	[sɛr'vɛt]
palito (m)	tandenstoker (de)	['tandən·'stokər]
pedir (vt)	bestellen	[bə'stɛlən]
prato (m)	gerecht (het)	[xe'rcht]
porção (f)	portie (de)	['porsi]
entrada (f)	voorgerecht (het)	['vōrxərcht]
salada (f)	salade (de)	[sa'ladə]
sopa (f)	soep (de)	[sup]
sobremesa (f)	dessert (het)	[dɛ'sɛːr]
doce (m)	confituur (de)	[konfi'tūr]
gelado (m)	ijsje (het)	['ɛisjə], ['ɛiʃə]
conta (f)	rekening (de)	['rekəniŋ]
pagar a conta	de rekening betalen	[də 'rekəniŋ bə'talən]
gorjeta (f)	fooi (de)	[fōj]

13. Casa. Apartamento. Parte 1

casa (f)	huis (het)	['hœys]
casa (f) de campo	landhuisje (het)	['lant·hœyҫə]
vila (f)	villa (de)	['vila]

andar (m)	verdieping (de)	[vər'dipiŋ]
entrada (f)	ingang (de)	['inxaŋ]
parede (f)	muur (de)	[mūr]
telhado (m)	dak (het)	[dak]
chaminé (f)	schoorsteen (de)	['sxōr·stēn]

sótão (m)	zolder (de)	['zɔldər]
janela (f)	venster (het)	['vɛnstər]
parapeito (m)	vensterbank (de)	['vɛnstər·bank]
varanda (f)	balkon (het)	[bal'kɔn]

escada (f)	trap (de)	[trap]
caixa (f) de correio	postbus (de)	['pɔst·bʉs]
caixote (m) do lixo	vuilnisbak (de)	['vœylnis·bak]
elevador (m)	lift (de)	[lift]

eletricidade (f)	elektriciteit (de)	[ɛlɛktrisi'tɛjt]
lâmpada (f)	lamp (de)	[lamp]
interruptor (m)	schakelaar (de)	['sxakəlār]
tomada (f)	stopcontact (het)	['stɔp·kɔn'takt]
fusível (m)	zekering (de)	['zekəriŋ]

porta (f)	deur (de)	['dør]
maçaneta (f)	deurkruk (de)	['dør·krʉk]
chave (f)	sleutel (de)	['sløtəl]
tapete (m) de entrada	deurmat (de)	['dør·mat]

fechadura (f)	slot (het)	[slɔt]
campainha (f)	deurbel (de)	['dør·bel]
batida (f)	geklop (het)	[xə'klɔp]
bater (vi)	kloppen	['klɔpən]
vigia (f), olho (m) mágico	deurspion (de)	['dør·spiɔn]

pátio (m)	cour (de)	[kur]
jardim (m)	tuin (de)	['tœyn]
piscina (f)	zwembad (het)	['zwɛm·bat]
ginásio (m)	gym (het)	[ʒim]
campo (m) de ténis	tennisveld (het)	['tɛnis·vɛlt]
garagem (f)	garage (de)	[xa'raʒə]

| propriedade (f) privada | privé-eigendom (het) | [pri've-'ɛjxəndɔm] |
| sinal (m) de aviso | waarschuwings-bord (het) | ['wārsxjuviŋs bɔrt] |

| guarda (f) | bewaking (de) | [bə'wakiŋ] |
| guarda (m) | bewaker (de) | [bə'wakər] |

renovação (f)	renovatie (de)	[renɔ'vatsi]
renovar (vt), fazer obras	renoveren	[renɔ'virən]
arranjar (vt)	op orde brengen	[ɔp 'ɔrdə 'brɛŋən]
pintar (vt)	verven	['vɛrvən]
papel (m) de parede	behang (het)	[bə'haŋ]
envernizar (vt)	lakken	['lakən]

tubo (m)	buis, leiding (de)	['bœʏs], ['lɛjdiŋ]
ferramentas (f pl)	gereedschap (het)	[xə'rētsxap]
cave (f)	kelder (de)	['kɛldər]
sistema (m) de esgotos	riolering (de)	[riɔ'lɛriŋ]

14. Casa. Apartamento. Parte 2

apartamento (m)	appartement (het)	[apartə'mɛnt]
quarto (m)	kamer (de)	['kamər]
quarto (m) de dormir	slaapkamer (de)	['slāp·kamər]
sala (f) de jantar	eetkamer (de)	[ēt·'kamər]

sala (f) de estar	salon (de)	[sa'lɔn]
escritório (m)	studeerkamer (de)	[stu'dēr·'kamər]
antessala (f)	gang (de)	[xaŋ]
quarto (m) de banho	badkamer (de)	['bat·kamər]
quarto (m) de banho	toilet (het)	[tua'lɛt]

| chão, soalho (m) | vloer (de) | [vlur] |
| teto (m) | plafond (het) | [pla'fɔnt] |

limpar o pó	stoffen	['stɔfən]
aspirador (m)	stofzuiger (de)	['stɔf·zœʏxər]
aspirar (vt)	stofzuigen	['stɔf·zœʏxən]

esfregona (f)	zwabber (de)	['zwabər]
pano (m), trapo (m)	poetsdoek (de)	['putsduk]
vassoura (f)	veger (de)	['vexər]
pá (f) de lixo	stofblik (het)	['stɔf·blik]

mobiliário (m)	meubels	['møbəl]
mesa (f)	tafel (de)	['tafəl]
cadeira (f)	stoel (de)	[stul]
cadeirão (m)	fauteuil (de)	[fɔ'tøj]

biblioteca (f)	boekenkast (de)	['bukən·kast]
prateleira (f)	boekenrek (het)	['bukən·rɛk]
guarda-vestidos (m)	kledingkast (de)	['klediŋ·kast]

espelho (m)	spiegel (de)	['spixəl]
tapete (m)	tapijt (het)	[ta'pɛjt]
lareira (f)	haard (de)	[hārt]
cortinas (f pl)	gordijnen	[xɔr'dɛjnən]

candeeiro (m) de mesa	bureaulamp (de)	[bʉ'ro·lamp]
lustre (m)	luchter (de)	['lʉxtər]
cozinha (f)	keuken (de)	['køkən]
fogão (m) a gás	gasfornuis (het)	[xɑs·fɔr'nœʏs]
fogão (m) elétrico	elektrisch fornuis (het)	[ɛ'lɛktris fɔr'nœʏs]
forno (m) de micro-ondas	magnetronoven (de)	['mahnətrɔn·'ɔvən]
frigorífico (m)	koelkast (de)	['kul·kast]
congelador (m)	diepvriezer (de)	[dip·'vrizər]
máquina (f) de lavar louça	vaatwasmachine (de)	['vɑtwas·ma'ʃinə]
torneira (f)	kraan (de)	[krãn]
moedor (m) de carne	vleesmolen (de)	['vlẽs·mɔlən]
espremedor (m)	vruchtenpers (de)	['vrʉxtən·pɛrs]
torradeira (f)	toaster (de)	['tõstər]
batedeira (f)	mixer (de)	['miksər]
máquina (f) de café	koffiemachine (de)	['kɔfi·ma'ʃinə]
chaleira (f)	fluitketel (de)	['flœʏt·'ketəl]
bule (m)	theepot (de)	['tẽ·pɔt]
televisor (m)	televisie (de)	[telə'vizi]
videogravador (m)	videorecorder (de)	['video·re'kɔrdər]
ferro (m) de engomar	strijkijzer (het)	['strɛjk·ɛjzər]
telefone (m)	telefoon (de)	[telə'fõn]

15. Profissões. Estatuto social

diretor (m)	directeur (de)	[dirɛk'tør]
superior (m)	baas (de)	[bãs]
presidente (m)	president (de)	[prezi'dɛnt]
assistente (m)	assistent (de)	[asi'stɛnt]
secretário (m)	secretaris (de)	[sekre'taris]
proprietário (m)	eigenaar (de)	['ɛjxənār]
parceiro, sócio (m)	partner (de)	['partnər]
acionista (m)	aandeelhouder (de)	['ãndēl·haudər]
homem (m) de negócios	zakenman (de)	['zakənman]
milionário (m)	miljonair (de)	[milju'nɛ:r]
bilionário (m)	miljardair (de)	[miljar'dɛ:r]
ator (m)	acteur (de)	[ak'tør]
arquiteto (m)	architect (de)	[arʃi'tɛkt]
banqueiro (m)	bankier (de)	[baŋ'kir]
corretor (m)	makelaar (de)	['makəlār]
veterinário (m)	dierenarts (de)	['dīrən·arts]
médico (m)	dokter, arts (de)	['dɔktər], [arts]

camareira (f)	kamermeisje (het)	['kamər·'mɛjçə]
designer (m)	designer (de)	[di'zajnər]
correspondente (m)	correspondent (de)	[kɔrɛspɔn'dɛnt]
entregador (m)	koerier (de)	[ku'rir]

eletricista (m)	elektricien (de)	[ɛlɛktri'sjen]
músico (m)	muzikant (de)	[muzi'kant]
babysitter (f)	babysitter (de)	['bɛjbisitər]
cabeleireiro (m)	kapper (de)	['kapər]
pastor (m)	herder (de)	['hɛrdər]

cantor (m)	zanger (de)	['zaŋər]
tradutor (m)	vertaler (de)	[vər'talər]
escritor (m)	schrijver (de)	['sxrɛjvər]
carpinteiro (m)	timmerman (de)	['timərman]
cozinheiro (m)	kok (de)	[kɔk]

bombeiro (m)	brandweerman (de)	['brantwēr·man]
polícia (m)	politieagent (de)	[pɔ'litsi·a'xɛnt]
carteiro (m)	postbode (de)	['pɔst·bɔdə]
programador (m)	programmeur (de)	[prɔxra'mør]
vendedor (m)	verkoper (de)	[vər'kɔpər]

operário (m)	arbeider (de)	['arbɛjdər]
jardineiro (m)	tuinman (de)	['tœyn·man]
canalizador (m)	loodgieter (de)	['lōtxitər]
estomatologista (m)	tandarts (de)	['tand·arts]
hospedeira (f) de bordo	stewardess (de)	[stʉwər'dɛs]

bailarino (m)	danser (de)	['dansər]
guarda-costas (m)	lijfwacht (de)	['lɛjf·waxt]
cientista (m)	wetenschapper (de)	['wetənsxapər]
professor (m)	meester (de)	['mēstər]

agricultor (m)	landbouwer (de)	['lantbauər]
cirurgião (m)	chirurg (de)	[ʃi'rʉrx]
mineiro (m)	mijnwerker (de)	['mɛjn·wɛrkər]
cozinheiro chefe (m)	chef-kok (de)	[ʃɛf-'kɔk]
condutor (automobilista)	chauffeur (de)	[ʃɔ'før]

16. Desporto

tipo (m) de desporto	soort sport (de/het)	[sōrt spɔrt]
futebol (m)	voetbal (het)	['vutbal]
hóquei (m)	hockey (het)	['hɔki]
basquetebol (m)	basketbal (het)	['bāskətbal]
beisebol (m)	baseball (het)	['bejzbɔl]

| voleibol (m) | volleybal (het) | ['vɔlibal] |
| boxe (m) | boksen (het) | ['bɔksən] |

luta (f)	worstelen (het)	['wɔrstələn]
ténis (m)	tennis (het)	['tɛnis]
natação (f)	zwemmen (het)	['zwɛmən]
xadrez (m)	schaak (het)	[sxāk]
corrida (f)	hardlopen (het)	['hardlɔpən]
atletismo (m)	atletiek (de)	[atle'tik]
patinagem (f) artística	kunstschaatsen (het)	['kʉnst·'sxātsən]
ciclismo (m)	wielersport (de)	['wilər·spɔrt]
bilhar (m)	biljart (het)	[bi'ljart]
musculação (f)	bodybuilding (de)	[bɔdi·'bildiŋ]
golfe (m)	golf (het)	[gɔlf]
mergulho (m)	duiken (het)	['dœʏkən]
vela (f)	zeilen (het)	['zɛjlən]
tiro (m) com arco	boogschieten (het)	['bōx·'sxitən]
tempo (m)	helft (de)	[hɛlft]
intervalo (m)	pauze (de)	['pauzə]
empate (m)	gelijkspel (het)	[xə'lɛjk·spɛl]
empatar (vi)	in gelijk spel eindigen	[in xə'lɛjk spɛl 'ɛjndixən]
passadeira (f)	loopband (de)	['lōp·bant]
jogador (m)	speler (de)	['spelər]
jogador (m) de reserva	reservespeler (de)	[re'zɛrvə·'spelər]
banco (m) de reservas	reservebank (de)	[re'zɛrvə·bank]
jogo (desafio)	match, wedstrijd (de)	[matʃ], ['wɛtstrɛjt]
baliza (f)	doel (het)	[dul]
guarda-redes (m)	doelman (de)	['dulman]
golo (m)	goal (de)	[gōl]
Jogos (m pl) Olímpicos	Olympische Spelen	[ɔ'limpisə 'spelən]
estabelecer um recorde	een record breken	[en re'kɔr 'brekən]
final (m)	finale (de)	[fi'nalə]
campeão (m)	kampioen (de)	[kam'pjun]
campeonato (m)	kampioenschap (het)	[kam'pjunsxap]
vencedor (m)	winnaar (de)	['winār]
vitória (f)	overwinning (de)	[ɔvər'winiŋ]
ganhar (vi)	winnen	['winən]
perder (vt)	verliezen	[vər'lizən]
medalha (f)	medaille (de)	[me'dajə]
primeiro lugar (m)	eerste plaats (de)	['ērstə plāts]
segundo lugar (m)	tweede plaats (de)	['twēdə plāts]
terceiro lugar (m)	derde plaats (de)	['dɛrdə plāts]
estádio (m)	stadion (het)	[stadi'ɔn]
fã, adepto (m)	fan, supporter (de)	[fan], [sʉ'pɔrtər]
treinador (m)	trainer, coach (de)	['trɛnər], [kɔtʃ]
treino (m)	training (de)	['trɛjniŋ]

17. Línguas estrangeiras. Ortografia

língua (f)	taal (de)	[tãl]
estudar (vt)	leren	['lerən]
pronúncia (f)	uitspraak (de)	['œʏtsprãk]
sotaque (m)	accent (het)	[ak'sɛnt]
substantivo (m)	zelfstandig naamwoord (het)	[zɛlf'standix 'nãmwõrt]
adjetivo (m)	bijvoeglijk naamwoord (het)	[bɛj'fuxlək 'nãmwõrt]
verbo (m)	werkwoord (het)	['wɛrk·vɔrt]
advérbio (m)	bijwoord (het)	['bɛj·wõrt]
pronome (m)	voornaamwoord (het)	['võrnãm·wõrt]
interjeição (f)	tussenwerpsel (het)	['tʉsən·'wɛrpsəl]
preposição (f)	voorzetsel (het)	['võrzɛtsəl]
raiz (f) da palavra	stam (de)	[stam]
terminação (f)	achtervoegsel (het)	['axtər·vuxsəl]
prefixo (m)	voorvoegsel (het)	['võr·vuxsəl]
sílaba (f)	lettergreep (de)	['lɛtər·xrẽp]
sufixo (m)	achtervoegsel (het)	['axtər·vuxsəl]
acento (m)	nadruk (de)	['nadrʉk]
ponto (m)	punt (de)	[pʉnt]
vírgula (f)	komma (de/het)	['kɔma]
dois pontos (m pl)	dubbelpunt (de)	['dʉbəl·pʉnt]
reticências (f pl)	beletselteken (het)	[bə'lɛtsel·'tekən]
pergunta (f)	vraag (de)	[vrãx]
ponto (m) de interrogação	vraagteken (het)	['vrãx·tekən]
ponto (m) de exclamação	uitroepteken (het)	['œʏtrup·tekən]
entre aspas	tussen aanhalingstekens	['tʉsən ãnhaliŋ's·tekəns]
entre parênteses	tussen haakjes	['tʉsən 'hãkjəs]
letra (f)	letter (de)	['lɛtər]
letra (f) maiúscula	hoofdletter (de)	[hõft·'lɛtər]
frase (f)	zin (de)	[zin]
grupo (m) de palavras	woordgroep (de)	['wõrt·xrup]
expressão (f)	uitdrukking (de)	['œʏdrykiŋ]
sujeito (m)	onderwerp (het)	['ɔndərwɛrp]
predicado (m)	gezegde (het)	[xə'zɛxdə]
linha (f)	regel (de)	['rexəl]
parágrafo (m)	alinea (de)	[a'linɛa]
sinónimo (m)	synoniem (het)	[sinɔ'nim]
antónimo (m)	antoniem (het)	[antɔ'nim]
exceção (f)	uitzondering (de)	['œʏtzɔndəriŋ]

sublinhar (vt)	onderstrepen	['ɔndər'strepən]
regras (f pl)	regels	['rexəls]
gramática (f)	grammatica (de)	[xra'matika]
léxico (m)	vocabulaire (het)	[vɔkabʉ'lɛ:r]
fonética (f)	fonetiek (de)	[fɔnɛ'tik]
alfabeto (m)	alfabet (het)	['alfabət]
manual (m) escolar	leerboek (het)	['lēr·buk]
dicionário (m)	woordenboek (het)	['wōrdən·buk]
guia (m) de conversação	taalgids (de)	['tāl·xits]
palavra (f)	woord (het)	[wōrt]
sentido (m)	betekenis (de)	[bə'tekənis]
memória (f)	geheugen (het)	[xə'høxən]

18. A Terra. Geografia

Terra (f)	Aarde (de)	['ārdə]
globo terrestre (Terra)	aardbol (de)	['ārd·bɔl]
planeta (m)	planeet (de)	[pla'nēt]
geografia (f)	aardrijkskunde (de)	['ārdrɛjkskʉndə]
natureza (f)	natuur (de)	[na'tūr]
mapa (m)	kaart (de)	[kārt]
atlas (m)	atlas (de)	['atlas]
no norte	in het noorden	[in ət 'nōrdən]
no sul	in het zuiden	[in ət 'zœʏdən]
no oeste	in het westen	[in ət 'wɛstən]
no leste	in het oosten	[in ət 'ōstən]
mar (m)	zee (de)	[zē]
oceano (m)	oceaan (de)	[ɔse'ān]
golfo (m)	golf (de)	[xɔlf]
estreito (m)	straat (de)	[strāt]
continente (m)	continent (het)	[kɔnti'nɛnt]
ilha (f)	eiland (het)	['ɛjlant]
península (f)	schiereiland (het)	['sxir·ɛjlant]
arquipélago (m)	archipel (de)	[arxipɛl]
porto (m)	haven (de)	['havən]
recife (m) de coral	koraalrif (het)	[kɔ'rāl·rif]
litoral (m)	oever (de)	['uvər]
costa (f)	kust (de)	[kʉst]
maré (f) alta	vloed (de)	['vlut]
maré (f) baixa	eb (de)	[ɛb]
latitude (f)	breedtegraad (de)	['brētə·xrāt]
longitude (f)	lengtegraad (de)	['lɛŋtə·xrāt]

| paralela (f) | parallel (de) | [para'lɛl] |
| equador (m) | evenaar (de) | ['ɛvənãr] |

céu (m)	hemel (de)	['heməl]
horizonte (m)	horizon (de)	['hɔrizɔn]
atmosfera (f)	atmosfeer (de)	[atmɔ'sfẽr]

montanha (f)	berg (de)	[bɛrx]
cume (m)	bergtop (de)	['bɛrx·tɔp]
falésia (f)	klip (de)	[klip]
colina (f)	heuvel (de)	['høvəl]

vulcão (m)	vulkaan (de)	[vʉl'kãn]
glaciar (m)	gletsjer (de)	['xletʃər]
queda (f) d'água	waterval (de)	['watər·val]
planície (f)	vlakte (de)	['vlaktə]

rio (m)	rivier (de)	[ri'vir]
fonte, nascente (f)	bron (de)	[brɔn]
margem (do rio)	oever (de)	['uvər]
rio abaixo	stroomafwaarts	[strõm·'afwãrts]
rio acima	stroomopwaarts	[strõm·'ɔpwãrts]

lago (m)	meer (het)	[mẽr]
barragem (f)	dam (de)	[dam]
canal (m)	kanaal (het)	[ka'nãl]
pântano (m)	moeras (het)	[mu'ras]
gelo (m)	ijs (het)	[ɛjs]

19. Países do Mundo. Parte 1

Europa (f)	Europa (het)	[ø'rɔpa]
União (f) Europeia	Europese Unie (de)	[øro'pezə 'juni]
europeu (m)	Europeaan (de)	[ørope'ãn]
europeu	Europees	[øro'pẽs]

Áustria (f)	Oostenrijk (het)	['õstənrɛjk]
Grã-Bretanha (f)	Groot-Brittannië (het)	[xrõt-bri'taniə]
Inglaterra (f)	Engeland (het)	['ɛŋɛlant]
Bélgica (f)	België (het)	['bɛlxiə]
Alemanha (f)	Duitsland (het)	['dœʏtslant]

Países (m pl) Baixos	Nederland (het)	['nedərlant]
Holanda (f)	Holland (het)	['hɔlant]
Grécia (f)	Griekenland (het)	['xrikənlant]
Dinamarca (f)	Denemarken (het)	['denəmarkən]
Irlanda (f)	Ierland (het)	['īrlant]

| Islândia (f) | IJsland (het) | ['ɛjslant] |
| Espanha (f) | Spanje (het) | ['spanjə] |

Itália (f)	**Italië (het)**	[i'taliə]
Chipre (m)	**Cyprus (het)**	['siprʉs]
Malta (f)	**Malta (het)**	['malta]
Noruega (f)	**Noorwegen (het)**	['nōrwexən]
Portugal (m)	**Portugal (het)**	[pɔrtʉxal]
Finlândia (f)	**Finland (het)**	['finlant]
França (f)	**Frankrijk (het)**	['frankrɛjk]
Suécia (f)	**Zweden (het)**	['zwedən]
Suíça (f)	**Zwitserland (het)**	['zwitsərlant]
Escócia (f)	**Schotland (het)**	['sxɔtlant]
Vaticano (m)	**Vaticaanstad (de)**	[vati'kān·stat]
Liechtenstein (m)	**Liechtenstein (het)**	['lixtɛnstɛjn]
Luxemburgo (m)	**Luxemburg (het)**	['lʉksɛmbʉrx]
Mónaco (m)	**Monaco (het)**	[mɔ'nakɔ]
Albânia (f)	**Albanië (het)**	[al'baniə]
Bulgária (f)	**Bulgarije (het)**	[bʉlxa'rɛjə]
Hungria (f)	**Hongarije (het)**	[hɔnxa'rɛjə]
Letónia (f)	**Letland (het)**	['lɛtlant]
Lituânia (f)	**Litouwen (het)**	[li'tauən]
Polónia (f)	**Polen (het)**	['pɔlən]
Roménia (f)	**Roemenië (het)**	[ru'meniə]
Sérvia (f)	**Servië (het)**	['sɛrviə]
Eslováquia (f)	**Slowakije (het)**	[slɔwa'kɛjə]
Croácia (f)	**Kroatië (het)**	[krɔ'asiə]
República (f) Checa	**Tsjechië (het)**	['tʃɛxiə]
Estónia (f)	**Estland (het)**	['ɛstlant]
Bósnia e Herzegovina (f)	**Bosnië** **en Herzegovina (het)**	['bɔsniə ən hɛrzə'xɔvina]
Macedónia (f)	**Macedonië (het)**	[make'dɔniə]
Eslovénia (f)	**Slovenië (het)**	[slɔ'vɛniə]
Montenegro (m)	**Montenegro (het)**	[mɔntə'nɛxrɔ]
Bielorrússia (f)	**Wit-Rusland (het)**	[wit-'rʉslant]
Moldávia (f)	**Moldavië (het)**	[mɔl'daviə]
Rússia (f)	**Rusland (het)**	['rʉslant]
Ucrânia (f)	**Oekraïne (het)**	[ukra'inə]

20. Países do Mundo. Parte 2

Ásia (f)	**Azië (het)**	['āzijə]
Vietname (m)	**Vietnam (het)**	[vjet'nam]
Índia (f)	**India (het)**	['india]
Israel (m)	**Israël (het)**	['israɛl]
China (f)	**China (het)**	['ʃina]
Líbano (m)	**Libanon (het)**	['libanɔn]

Mongólia (f)	Mongolië (het)	[mɔn'xɔliə]
Malásia (f)	Maleisië (het)	[ma'lɛjziə]
Paquistão (m)	Pakistan (het)	['pakistan]
Arábia (f) Saudita	Saoedi-Arabië (het)	[sa'udi-a'rabiə]

Tailândia (f)	Thailand (het)	['tailant]
Taiwan (m)	Taiwan (het)	[taj'wan]
Turquia (f)	Turkije (het)	[tʉr'kɛjə]
Japão (m)	Japan (het)	[ja'pan]
Afeganistão (m)	Afghanistan (het)	[af'xanistan]

Bangladesh (m)	Bangladesh (het)	[banhla'dɛʃ]
Indonésia (f)	Indonesië (het)	[indɔ'nɛsiə]
Jordânia (f)	Jordanië (het)	[jɔr'daniə]
Iraque (m)	Irak (het)	[i'rak]
Irão (m)	Iran (het)	[i'ran]

Camboja (f)	Cambodja (het)	[kam'bɔdja]
Kuwait (m)	Koeweit (het)	[ku'wɛjt]
Laos (m)	Laos (het)	['laɔs]
Mianmar, Birmânia	Myanmar (het)	['mjanmar]
Nepal (m)	Nepal (het)	[ne'pal]

Emirados Árabes Unidos	Verenigde Arabische Emiraten	[və'rɛnixdə a'rabisə ɛmi'ratən]
Síria (f)	Syrië (het)	['siriə]
Palestina (f)	Palestijnse autonomie (de)	[pale'stɛjnsə autonɔ'mi]
Coreia do Sul (f)	Zuid-Korea (het)	['zœʏd-kɔ'rea]
Coreia do Norte (f)	Noord-Korea (het)	[nõrd-kɔ'rea]

Estados Unidos da América	Verenigde Staten van Amerika	[və'rɛnixdə 'statən van a'merika]
Canadá (m)	Canada (het)	['kanada]
México (m)	Mexico (het)	['meksikɔ]
Argentina (f)	Argentinië (het)	[arxɛn'tiniə]
Brasil (m)	Brazilië (het)	[bra'ziliə]

Colômbia (f)	Colombia (het)	[kɔ'lɔmbia]
Cuba (f)	Cuba (het)	['kʉba]
Chile (m)	Chili (het)	['ʃili]
Venezuela (f)	Venezuela (het)	[venəzʉ'ɛla]
Equador (m)	Ecuador (het)	[ɛkwa'dɔr]

Bahamas (f pl)	Bahama's	[ba'hamas]
Panamá (m)	Panama (het)	['panama]
Egito (m)	Egypte (het)	[ɛ'xiptə]
Marrocos	Marokko (het)	[ma'rɔkɔ]
Tunísia (f)	Tunesië (het)	[tʉ'nɛziə]

| Quénia (f) | Kenia (het) | ['kenia] |
| Líbia (f) | Libië (het) | ['libiə] |

África do Sul (f)	Zuid-Afrika (het)	['zœyd-'afrika]
Austrália (f)	Australië (het)	[ɔu'straliə]
Nova Zelândia (f)	Nieuw-Zeeland (het)	[niu-'zēlant]

21. Tempo. Catástrofes naturais

tempo (m)	weer (het)	[wēr]
previsão (f) do tempo	weersvoorspelling (de)	['wērs·vōr'spɛliŋ]
temperatura (f)	temperatuur (de)	[tɛmpəra'tūr]
termómetro (m)	thermometer (de)	['tɛrmɔmetər]
barómetro (m)	barometer (de)	['barɔ'metər]

sol (m)	zon (de)	[zɔn]
brilhar (vi)	schijnen	['sxɛjnən]
de sol, ensolarado	zonnig	['zɔnɛx]
nascer (vi)	opgaan	['ɔpxān]
pôr-se (vp)	ondergaan	['ɔndərxān]

chuva (f)	regen (de)	['rexən]
está a chover	het regent	[ət 'rexənt]
chuva (f) torrencial	plensbui (de)	['plɛnsbœy]
nuvem (f) negra	regenwolk (de)	['rexən·wɔlk]
poça (f)	plas (de)	[plas]
molhar-se (vp)	nat worden	[nat 'wɔrdən]

trovoada (f)	noodweer (het)	['nɔtwer]
relâmpago (m)	bliksem (de)	['bliksəm]
relampejar (vi)	flitsen	['flitsən]
trovão (m)	donder (de)	['dɔndər]
está a trovejar	het dondert	[ət 'dɔndərt]
granizo (m)	hagel (de)	['haxəl]
está a cair granizo	het hagelt	[ət 'haxəlt]

calor (m)	hitte (de)	['hitə]
está muito calor	het is heet	[ət is hēt]
está calor	het is warm	[ət is warm]
está frio	het is koud	[ət is 'kaut]

nevoeiro (m)	mist (de)	[mist]
de nevoeiro	mistig	['mistəx]
nuvem (f)	wolk (de)	[wɔlk]
nublado	bewolkt	[bə'wɔlkt]
humidade (f)	vochtigheid (de)	['vɔhtixhɛjt]

neve (f)	sneeuw (de)	[snēw]
está a nevar	het sneeuwt	[ət 'snēwt]
gelo (m)	vorst (de)	[vɔrst]
abaixo de zero	onder nul	['ɔndər nʉl]
geada (f) branca	rijp (de)	[rɛjp]
mau tempo (m)	onweer (het)	['ɔnwēr]

catástrofe (f)	ramp (de)	[ramp]
inundação (f)	overstroming (de)	[ɔvər'strɔmiŋ]
avalanche (f)	lawine (de)	[la'winə]
terremoto (m)	aardbeving (de)	['ārd·beviŋ]

abalo, tremor (m)	aardschok (de)	['ārd·sxɔk]
epicentro (m)	epicentrum (het)	[ɛpi'sɛntrʉm]
erupção (f)	uitbarsting (de)	['œʏtbarstiŋ]
lava (f)	lava (de)	['lava]

tornado (m)	windhoos (de)	['windhōs]
turbilhão (m)	wervelwind (de)	['wɛrvəl·vint]
furacão (m)	orkaan (de)	[ɔr'kān]
tsunami (m)	tsunami (de)	[tsʉ'nami]
ciclone (m)	cycloon (de)	[si'klōn]

22. Animais. Parte 1

| animal (m) | dier (het) | [dīr] |
| predador (m) | roofdier (het) | ['rōf·dīr] |

tigre (m)	tijger (de)	['tɛjxər]
leão (m)	leeuw (de)	[lēw]
lobo (m)	wolf (de)	[wɔlf]
raposa (f)	vos (de)	[vɔs]
jaguar (m)	jaguar (de)	['jaguar]

lince (m)	lynx (de)	[links]
coiote (m)	coyote (de)	[kɔ'jot]
chacal (m)	jakhals (de)	['jakhals]
hiena (f)	hyena (de)	[hi'ena]

esquilo (m)	eekhoorn (de)	['ēkhōrn]
ouriço (m)	egel (de)	['exəl]
coelho (m)	konijn (het)	[kɔ'nɛjn]
guaxinim (m)	wasbeer (de)	['wasbēr]

hamster (m)	hamster (de)	['hamstər]
toupeira (f)	mol (de)	[mɔl]
rato (m)	muis (de)	[mœʏs]
ratazana (f)	rat (de)	[rat]
morcego (m)	vleermuis (de)	['vlēr·mœʏs]

castor (m)	bever (de)	['bɛvər]
cavalo (m)	paard (het)	[pārt]
veado (m)	hert (het)	[hɛrt]
camelo (m)	kameel (de)	[ka'mēl]
zebra (f)	zebra (de)	['zɛbra]
baleia (f)	walvis (de)	['walvis]
foca (f)	rob (de)	[rɔb]

| morsa (f) | walrus (de) | ['walrʉs] |
| golfinho (m) | dolfijn (de) | [dɔl'fɛjn] |

urso (m)	beer (de)	[bēr]
macaco (em geral)	aap (de)	[āp]
elefante (m)	olifant (de)	['ɔlifant]
rinoceronte (m)	neushoorn (de)	['nøshōrn]
girafa (f)	giraffe (de)	[xi'rafə]

hipopótamo (m)	nijlpaard (het)	['nɛjl·pārt]
canguru (m)	kangoeroe (de)	['kanxəru]
gata (f)	poes (de)	[pus]

vaca (f)	koe (de)	[ku]
touro (m)	stier (de)	[stir]
ovelha (f)	schaap (het)	[sxāp]
cabra (f)	geit (de)	[xɛjt]

burro (m)	ezel (de)	['ezəl]
porco (m)	varken (het)	['varkən]
galinha (f)	kip (de)	[kip]
galo (m)	haan (de)	[hān]

pato (m), pata (f)	eend (de)	[ēnt]
ganso (m)	gans (de)	[xans]
perua (f)	kalkoen (de)	[kal'kun]
cão pastor (m)	herdershond (de)	['hɛrdərs·hɔnt]

23. Animais. Parte 2

pássaro, ave (m)	vogel (de)	['vɔxəl]
pombo (m)	duif (de)	['dœʏf]
pardal (m)	mus (de)	[mʉs]
chapim-real (m)	koolmees (de)	['kōlmēs]
pega-rabuda (f)	ekster (de)	['ɛkstər]

águia (f)	arend (de)	['arənt]
açor (m)	havik (de)	['havik]
falcão (m)	valk (de)	[valk]

cisne (m)	zwaan (de)	[zwān]
grou (m)	kraanvogel (de)	['krān·vɔxəl]
cegonha (f)	ooievaar (de)	['ōjevār]
papagaio (m)	papegaai (de)	[papə'xāj]
pavão (m)	pauw (de)	['pau]
avestruz (f)	struisvogel (de)	['strœʏs·vɔxəl]

garça (f)	reiger (de)	['rɛjxər]
rouxinol (m)	nachtegaal (de)	['nahtəxāl]
andorinha (f)	zwaluw (de)	['zwalʉv]

pica-pau (m)	specht (de)	[spɛxt]
cuco (m)	koekoek (de)	['kukuk]
coruja (f)	uil (de)	['œʏl]

pinguim (m)	pinguïn (de)	['piŋgwin]
atum (m)	tonijn (de)	[tɔ'nɛjn]
truta (f)	forel (de)	[fɔ'rɛl]
enguia (f)	paling (de)	[pa'liŋ]

tubarão (m)	haai (de)	[hãj]
caranguejo (m)	krab (de)	[krab]
medusa, alforreca (f)	kwal (de)	['kwal]
polvo (m)	octopus (de)	['ɔktɔpʉs]

estrela-do-mar (f)	zeester (de)	['zē·stər]
ouriço-do-mar (m)	zee-egel (de)	[zē-'exəl]
cavalo-marinho (m)	zeepaardje (het)	['zē·pārtjə]
camarão (m)	garnaal (de)	[xar'nāl]

serpente, cobra (f)	slang (de)	[slaŋ]
víbora (f)	adder (de)	['adər]
lagarto (m)	hagedis (de)	['haxədis]
iguana (f)	leguaan (de)	[lexʉ'ān]
camaleão (m)	kameleon (de)	[kamele'ɔn]
escorpião (m)	schorpioen (de)	[sxɔrpi'un]

tartaruga (f)	schildpad (de)	['sxildpat]
rã (f)	kikker (de)	['kikər]
crocodilo (m)	krokodil (de)	[krɔkɔ'dil]

inseto (m)	insect (het)	[in'sɛkt]
borboleta (f)	vlinder (de)	['vlindər]
formiga (f)	mier (de)	[mir]
mosca (f)	vlieg (de)	[vlix]

mosquito (m)	mug (de)	[mʉx]
escaravelho (m)	kever (de)	['kevər]
abelha (f)	bij (de)	[bɛj]
aranha (f)	spin (de)	[spin]

24. Árvores. Plantas

árvore (f)	boom (de)	[bōm]
bétula (f)	berk (de)	[bɛrk]
carvalho (m)	eik (de)	[ɛjk]
tília (f)	linde (de)	['lində]
choupo-tremedor (m)	esp (de)	[ɛsp]

| bordo (m) | esdoorn (de) | ['ɛsdōrn] |
| espruce-europeu (m) | spar (de) | [spar] |

pinheiro (m)	den (de)	[dɛn]
cedro (m)	ceder (de)	['sedər]
choupo, álamo (m)	populier (de)	[pɔpʉ'lir]
tramazeira (f)	lijsterbes (de)	['lɛjstərbɛs]
faia (f)	beuk (de)	['bøk]
ulmeiro (m)	iep (de)	[jep]
freixo (m)	es (de)	[ɛs]
castanheiro (m)	kastanje (de)	[kas'tanjə]
palmeira (f)	palm (de)	[palm]
arbusto (m)	struik (de)	['strœvk]
cogumelo (m)	paddenstoel (de)	['padənstul]
cogumelo (m) venenoso	giftige paddenstoel (de)	['xiftixə 'padənstul]
cepe-de-bordéus (m)	gewoon eekhoorntjesbrood (het)	[xə'wōn ē'hɔntʃes·brōt]
rússula (f)	russula (de)	[rʉ'sʉla]
agário-das-moscas (m)	vliegenzwam (de)	['vlixən·zwam]
cicuta (f) verde	groene knolamaniet (de)	['xrunə 'knɔl·ama'nit]
flor (f)	bloem (de)	[blum]
ramo (m) de flores	boeket (het)	[bu'kɛt]
rosa (f)	roos (de)	[rōs]
tulipa (f)	tulp (de)	[tʉlp]
cravo (m)	anjer (de)	['anjer]
camomila (f)	kamille (de)	[ka'milə]
cato (m)	cactus (de)	['kaktʉs]
lírio-do-vale (m)	lelietje-van-dalen (het)	['leljetʃə-van-'dalən]
campânula-branca (f)	sneeuwklokje (het)	['snēw·'klɔkjə]
nenúfar (m)	waterlelie (de)	['watər·leli]
estufa (f)	oranjerie (de)	[ɔranʒɛ'ri]
relvado (m)	gazon (het)	[xa'zɔn]
canteiro (m) de flores	bloemperk (het)	['blum·pɛrk]
planta (f)	plant (de)	[plant]
erva (f)	gras (het)	[xras]
folha (f)	blad (het)	[blat]
pétala (f)	bloemblad (het)	['blum·blat]
talo (m)	stengel (de)	['stɛŋəl]
broto, rebento (m)	scheut (de)	[sxøt]
cereais (plantas)	graangewassen	['xrān·xɛ'wasən]
trigo (m)	tarwe (de)	['tarwə]
centeio (m)	rogge (de)	['rɔxə]
aveia (f)	haver (de)	['havər]
milho-miúdo (m)	gierst (de)	[xirst]
cevada (f)	gerst (de)	[xɛrst]
milho (m)	maïs (de)	[majs]
arroz (m)	rijst (de)	[rɛjst]

25. Várias palavras úteis

ajuda (f)	hulp (de)	[hʉlp]
base (f)	basis (de)	['bazis]
categoria (f)	categorie (de)	[katexɔ'ri]
coincidência (f)	samenvallen (het)	['samənvalən]
começo (m)	begin (het)	[bə'xin]
comparação (f)	vergelijking (de)	[vɛrxə'lɛjkiŋ]
desenvolvimento (m)	ontwikkeling (de)	[ɔnt'wikəliŋ]
diferença (f)	onderscheid (het)	['ɔndərsxɛjt]
efeito (m)	effect (het)	[ɛ'fɛkt]
elemento (m)	element (het)	[ɛle'mɛnt]
equilíbrio (m)	balans (de)	[ba'lans]
erro (m)	fout (de)	['faut]
esforço (m)	inspanning (de)	['inspaniŋ]
estilo (m)	stijl (de)	[stɛjl]
exemplo (m)	voorbeeld (het)	['vōrbēlt]
facto (m)	feit (het)	[fɛjt]
forma (f)	vorm (de)	[vɔrm]
género (tipo)	soort (de/het)	[sōrt]
grau (m)	graad (de)	[xrāt]
ideal	ideaal (het)	[ide'āl]
mistério (m)	geheim (het)	[xə'hɛjm]
modo (m)	manier (de)	[ma'nir]
momento (m)	moment (het)	[mɔ'mɛnt]
obstáculo (m)	hinderpaal (de)	['hindərpāl]
padrão	standaard	['standārt]
paragem (pausa)	stop (de)	[stɔp]
parte (f)	deel (het)	[dēl]
pausa (f)	pauze (de)	['pauzə]
posição (f)	positie (de)	[pɔ'zitsi]
problema (m)	probleem (het)	[prɔ'blēm]
processo (m)	proces (het)	[prɔ'sɛs]
progresso (m)	voortgang (de)	['vōrtxaŋ]
propriedade (f)	eigenschap (de)	['ɛjxənsxap]
reação (f)	reactie (de)	[re'aksi]
risco (m)	risico (het)	['rizikɔ]
ritmo (m)	tempo (het)	['tɛmpɔ]
série (f)	serie (de)	['seri]
sistema (m)	systeem (het)	[si'stēm]
situação (f)	situatie (de)	[situ'atsi]
solução (f)	oplossing (de)	['ɔplɔsiŋ]

tabela (f)	tabel (de)	[ta'bɛl]
termo (ex. ~ técnico)	term (de)	[tɛrm]
urgente	dringend	['driŋənt]
utilidade (f)	nut (het)	[nʉt]
variante (f)	variant (de)	[vari'ant]
variedade (f)	keuze (de)	['køzə]
verdade (f)	waarheid (de)	['wārhɛjt]
vez (f)	beurt (de)	['børt]
zona (f)	zone (de)	['zɔnə]

26. Modificadores. Adjetivos. Parte 1

aberto	open	['ɔpən]
afiado	scherp	[sxɛrp]
alto (ex. voz ~a)	luid	['lœʏt]
amargo	bitter	['bitər]
amplo	ruim	[rœʏm]
antigo	eeuwenoude	[ēwə'naudə]
arriscado	riskant	[ris'kant]
artificial	kunstmatig	[kʉnst'matəx]
azedo	zuur	[zūr]
baixo (voz ~a)	zacht	[zaxt]
bonito	mooi	[mōj]
bronzeado	gebruind	[xə'brœʏnt]
burro, estúpido	dom	[dɔm]
cego	blind	[blint]
central	centraal	[sɛn'trāl]
cheio (ex. copo ~)	vol	[vɔl]
clandestino	ondergronds	['ɔndər'xrɔnts]
compatível	verenigbaar	[və'rɛnixbār]
comum, normal	gewoon	[xə'wōn]
congelado	diepvries	['dip·vris]
contente	tevreden	[təv'redən]
contínuo	langdurig	[laŋ'dʉrəx]
contrário (ex. o efeito ~)	tegenovergesteld	['texən·'ɔvərxəstɛlt]
cru (não cozinhado)	rauw	['rau]
curto	kort	[kɔrt]
denso (fumo, etc.)	dicht	[dixt]
difícil	moeilijk	['mujlək]
direito	rechter	['rɛxtər]
doce (açucarado)	zoet	[zut]
doce (água)	zoet	[zut]
doente	ziek	[zik]

duro (material ~)	hard	[hart]
educado	beleefd	[bə'lēft]
enigmático	mysterieus	[mistɛ'røs]
enorme	enorm	[ɛ'nɔrm]
especial	speciaal	[speʃi'āl]

esquerdo	linker	['linkər]
estreito	smal	[smal]
exato	precies	[prə'sis]
excelente	uitstekend	['œytstekənt]

excessivo	overdreven	[ɔvər'drevən]
externo	buiten-	['bœytən]
fácil	eenvoudig	[ēn'vaudəx]
feliz	gelukkig	[xə'lʉkəx]
fértil (terreno ~)	vruchtbaar	['vrʉxtbār]

forte (pessoa ~)	sterk	[stɛrk]
frágil	breekbaar	['brēkbār]
gostoso	lekker	['lɛkər]
grande	groot	[xrõt]
gratuito, grátis	gratis	['xratis]

27. Modificadores. Adjetivos. Parte 2

imóvel	onbeweeglijk	[ɔnbə'wēxlək]
importante	belangrijk	[bə'lanxrɛjk]
infantil	kinder-	['kindər]
inteligente	slim	[slim]
interno	binnen-	['binən]

legal	wettelijk	['wɛtələk]
leve	licht	[lixt]
limpo	schoon	[sxõn]
líquido	vloeibaar	['vlujbār]
liso	glad	[xlat]

longo (ex. cabelos ~s)	lang	[laŋ]
maduro (ex. fruto ~)	rijp	[rɛjp]
mate, baço	mat	[mat]
mau	slecht	[slɛxt]
mole	zacht	[zaxt]

morto	dood	[dõt]
não difícil	niet moeilijk	[nit 'mujlək]
não é clara	onduidelijk	[ɔn'dœʏdələk]
natal (país ~)	geboorte-	[xə'bõrtə]
negativo	ontkennend	[ɔnt'kɛnənt]
normal	normaal	[nɔr'māl]
novo	nieuw	[niu]

obrigatório	verplicht	[vər'plixt]
original	origineel	[ɔriʒi'nēl]
passado	vorig	['vɔrəx]

pequeno	klein	[klɛjn]
perigoso	gevaarlijk	[xe'vārlək]
pessoal	persoonlijk	[pɛr'sōnlək]
pobre	arm	[arm]
possível	mogelijk	['mɔxələk]

pouco fundo	ondiep	[ɔn'dip]
primeiro (principal)	voornaamste	[vōr'nāmstə]
principal	hoofd-	[hōft]
provável	waarschijnlijk	[wār'sxɛjnlək]
rápido	snel	[snɛl]

raro	zeldzaam	['zɛldzãm]
reto	recht	[rɛxt]
seguinte	volgend	['vɔlxənt]
similar	gelijkend	[xə'lɛjkənt]
soberbo	uitstekend	['œʏtstekənt]

social	openbaar	[ɔpən'bãr]
sólido	stevig	['stevəx]
sujo	vuil	[vœʏl]
suplementar	additioneel	[aditsjɔ'nēl]

triste (um ar ~)	droevig	['druvəx]
último	laatst	[lãtst]
usado	tweedehands	[twēdə'hants]
vazio (meio ~)	leeg	[lēx]
velho	oud	['aut]

28. Verbos. Parte 1

abrir (vt)	openen	['ɔpənən]
acabar, terminar (vt)	beëindigen	[be'ɛjndəxən]
acusar (vt)	beschuldigen	[bə'sxʉldəxən]
agradecer (vt)	danken	['dankən]
ajudar (vt)	helpen	['hɛlpən]
almoçar (vi)	lunchen	['lʉnʃən]

alugar (~ um apartamento)	huren	['hʉrən]
amar (vt)	liefhebben	['lifhɛbən]
anular, cancelar (vt)	afzeggen	['afzɛxən]
anunciar (vt)	aankondigen	['ãnkɔndəxən]
apagar, eliminar (vt)	verwijderen	[vər'wɛjdərən]
apanhar (vt)	vangen	['vaŋən]
arrumar, limpar (vt)	schoonmaken	['sxōn·makən]
assinar (vt)	ondertekenen	['ɔndər'tekənən]

atirar, disparar (vi)	schieten	['sxitən]
bater (espancar)	slaan	[slān]
bater-se (vp)	vechten	['vɛxtən]
beber, tomar (vt)	drinken	['drinkən]

brincar (vi)	grappen maken	['xrapən 'makən]
brincar, jogar (crianças)	spelen	['spelən]
caçar (vi)	jagen	['jaxən]
cair (vi)	vallen	['valən]
cantar (vi)	fluiten, zingen	['flœytən], ['ziŋən]

cavar (vt)	graven	['xravən]
cessar (vt)	ophouden	['ɔphaudən]
chegar (vi)	aankomen	['ānkɔmən]
chorar (vi)	huilen	['hœylən]
começar (vt)	beginnen	[bə'xinən]

comer (vt)	eten	['etən]
comparar (vt)	vergelijken	[vɛrxə'lɛjkən]
comprar (vt)	kopen	['kɔpən]
compreender (vt)	begrijpen	[bə'xrɛjpən]
confiar (vt)	vertrouwen	[vər'trauwən]

confirmar (vt)	bevestigen	[bə'vɛstixən]
conhecer (vt)	kennen	['kɛnən]
construir (vt)	bouwen	['bauwən]
contar (fazer contas)	tellen	['tɛlən]
contar (vt)	vertellen	[vər'tɛlən]
contar com (esperar)	rekenen op …	['rekənən ɔp]

convidar (vt)	uitnodigen	['œytnɔdixən]
copiar (vt)	kopiëren	[kɔpi'erən]
correr (vi)	rennen	['renən]
crer (vt)	geloven	[xə'lɔvən]
criar (vt)	creëren	[kre'jerən]
custar (vt)	kosten	['kɔstən]

29. Verbos. Parte 2

dançar (vi)	dansen	['dansən]
dar (vt)	geven	['xevən]
decidir (vt)	beslissen	[bə'slisən]
deixar cair (vt)	laten vallen	['latən 'valən]
depender de … (vi)	afhangen van …	['afhaŋən van]

desaparecer (vi)	verdwijnen	[vərd'wɛjnən]
desculpar (vt)	excuseren	[ɛkskʉ'zerən]
desculpar-se (vp)	zich verontschuldigen	[zih vərɔnt'sxʉldəxən]
desligar (vt)	uitdoen	['œytdun]
desprezar (vt)	minachten	['minaxtən]

discutir (notícias, etc.)	bespreken	[bə'sprekən]
divorciar-se (vp)	scheiden	['sxɛjdən]
dizer (vt)	zeggen	['zexən]
duvidar (vt)	twijfelen	['twɛjfelən]
encontrar (achar)	vinden	['vindən]
encontrar-se (vp)	ontmoeten	[ɔnt'mutən]
enganar (vt)	bedriegen	[bə'drixən]
enviar (uma carta)	sturen	['stʉrən]
errar (equivocar-se)	zich vergissen	[zih vər'xisən]
escolher (vt)	kiezen	['kizən]
esconder (vt)	verbergen	[vər'bɛrxən]
escrever (vt)	schrijven	['sxrɛjvən]
esperar (o autocarro, etc.)	wachten	['waxtən]
esperar (ter esperança)	hopen	['hɔpən]
esquecer (vi, vt)	vergeten	[vər'xetən]
estar ausente	absent zijn	[ap'sɛnt zɛjn]
estar com pressa	zich haasten	[zix 'hāstən]
estar com pressa	zich haasten	[zix 'hāstən]
estar de acordo	instemmen	['instɛmən]
estudar (vt)	studeren	[stʉ'derən]
exigir (vt)	eisen	['ɛjsən]
existir (vi)	existeren	[ɛksis'tɛrən]
explicar (vt)	verklaren	[vər'klarən]
falar (vi)	spreken	['sprekən]
falar com ...	spreken met ...	['sprekən mɛt]
faltar (clases, etc.)	verzuimen	[vər'zœɣmən]
fazer (vt)	doen	[dun]
fazer, preparar (vt)	bereiden	[bə'rɛjdən]
fechar (vt)	sluiten	['slœɣtən]
felicitar (vt)	feliciteren	[felisi'terən]
ficar cansado	vermoeid raken	[vər'mujt 'rakən]
gostar (apreciar)	bevallen	[bə'valən]
gritar (vi)	schreeuwen	['sxrēwən]
guardar (cartas, etc.)	bewaren	[bə'warən]
insistir (vi)	aandringen	['āndriŋən]
insultar (vt)	beledigen	[bə'ledəxən]
ir (a pé)	gaan	[xān]
jantar (vi)	souperen	[su'perən]
ler (vt)	lezen	['lezən]
ligar (vt)	aandoen	['āndun]

30. Verbos. Parte 3

| matar (vt) | doden | ['dɔdən] |
| mergulhar (vi) | duiken | ['dœɣkən] |

morrer (vi)	sterven	['stɛrvən]
mostrar (vt)	tonen	['tonən]
mudar (modificar)	veranderen	[və'randərən]

nadar (vi)	zwemmen	['zwɛmən]
nascer (vi)	geboren worden	[xə'bɔrən 'wordən]
negar (vt)	ontkennen	[ɔnt'kɛnən]
obedecer (vt)	gehoorzamen	[xə'hõrzamən]
odiar (vt)	haten	['hatən]

olhar para ...	kijken naar ...	['kɛjkən nãr]
ouvir (vt)	horen	['hɔrən]
pagar (vt)	betalen	[bə'talən]
participar (vi)	deelnemen	['dēlnemən]
pegar (tomar)	nemen	['nemən]

pensar (vt)	denken	['dɛnkən]
perder (o guarda-chuva, etc.)	verliezen	[vər'lizən]
perdoar (vt)	vergeven	[vər'xevən]
perguntar (vt)	vragen	['vraxən]
permitir (vt)	toestaan	['tustãn]

pertencer (vt)	toebehoren aan ...	['tubəhorən ãn]
perturbar (vt)	storen	['stɔrən]
poder (v aux)	kunnen	['kʉnən]
poder (v aux)	kunnen	['kʉnən]
prever (vt)	voorzien	[võr'zin]

proibir (vt)	verbieden	[vər'bidən]
prometer (vt)	beloven	[bə'lovən]
propor (vt)	voorstellen	['võrstɛlən]
provar (vt)	bewijzen	[bə'wɛjzən]
quebrar (vt)	breken	['brekən]

queixar-se (vp)	klagen	['klaxən]
querer (desejar)	willen	['wilən]
receber (vt)	ontvangen	[ɔnt'faŋən]
repetir (dizer outra vez)	herhalen	[hɛr'halən]
reservar (~ um quarto)	reserveren	[rezɛr'verən]
responder (vt)	antwoorden	['antwõrdən]

rezar, orar (vi)	bidden	['bidən]
roubar (vt)	stelen	['stelən]
saber (vt)	weten	['wetən]
salvar (vt)	redden	['rɛdən]
secar (vt)	drogen	['drɔxən]

sentar-se (vp)	gaan zitten	[xãn 'zitən]
sorrir (vi)	glimlachen	['xlimlahən]
tentar (vt)	proberen	[prɔ'berən]
ter (vt)	hebben	['hɛbən]

ter medo	**bang zijn**	['baŋ zɛjn]
terminar (vt)	**beëindigen**	[be'ɛjndəxən]
tomar o pequeno-almoço	**ontbijten**	[ɔn'bɛjtən]
trabalhar (vi)	**werken**	['wɛrkən]
traduzir (vt)	**vertalen**	[vər'talən]
vender (vt)	**verkopen**	[vɛr'kɔpən]
ver (vt)	**zien**	[zin]
verificar (vt)	**checken**	['ʧɛkən]
virar (ex. ~ à direita)	**afslaan**	['afslān]
voar (vi)	**vliegen**	['vlixən]

www.ingramcontent.com/pod-product-compliance
Lightning Source LLC
Chambersburg PA
CBHW060027050426
42448CB00012B/2884